これだけは知っておきたい
家庭園芸の基本とコツ

これだけは知っておきたい 家庭園芸の基本とコツ

第1章 園芸植物のグループ

- 1年草は、こんな植物 —— 6
- 2年草は、こんな植物 —— 8
- 宿根草は、こんな植物 —— 9
- 球根植物は、こんな植物 —— 12
- 観葉植物は、こんな植物 —— 14
- 山野草は、こんな植物 —— 16
- サボテン・多肉植物は、こんな植物 —— 18
- ランは、こんな植物 —— 20
- 庭木・花木は、こんな植物 —— 22
- 野菜は、こんな植物 —— 24
- ハーブは、こんな植物 —— 27
- **COLUMN** ハーブをすてきに楽しむ —— 28
- 果樹は、こんな植物 —— 30
- 水生植物は、こんな植物 —— 32
- 食虫植物は、こんな植物 —— 33
- シバは、こんな植物 —— 34

第2章 タネと苗

- ポリポットにタネをまく —— 36
- 草花苗の植えつけ —— 38
- 球根の植えつけ —— 40
- 庭木・花木苗の植えつけ —— 42
- 野菜苗の植えつけ —— 44
- 果樹苗の植えつけ —— 48
- シバの張り方 —— 50
- コンテナへの植えつけ —— 52
- **COLUMN** 捨てないで！ リフォームの楽しみ方 —— 56

第3章 ふだんの手入れ

- 置き場所・植え場所 ― 58
- 室内の環境 ― 60
- 水の与え方 ― 62
- 肥料の施し方 ― 64
- 元肥の施し方 ― 67
- 追肥の施し方 ― 68
- 支柱立て ― 70
- 摘芯と芽かき ― 72
- 中耕 ― 73
- 摘蕾と摘果 ― 74
- 花がら摘み ― 76
- 切り戻し ― 78
- ランの手入れ ― 80
- 野菜の手入れ ― 82
- 庭木の剪定 ― 86
- 花や実をつける花木の剪定 ― 89
- 果樹の剪定 ― 92
- 水生植物の手入れ ― 95
- 芝生の手入れ ― 98

第4章 植え替えと繁殖

- 宿根草の植え替えと株分け ― 102
- タネの採り方と保存法 ― 106
- 球根のふやし方 ― 108
- さし芽・さし木 ― 110
- とり木 ― 114
- 接ぎ木 ― 116
- ランナーから子株をとる ― 118
- 洋ランの高芽とり ― 119
- 多肉植物のふやし方 ― 120

第5章 育てる前に知っておきたい基礎知識

- 鉢植え用の道具 …124
- 庭植え用の道具 …125
- COLUMN 世界にひとつの鉢づくり …126
- 土・改良用土の種類と配合 …128
- 花壇の土づくり …130
- COLUMN あこがれの庭を夢見て …134
- ●イングリッシュガーデン …135
- ●ボーダーガーデン …136
- ●コテージガーデン …138
- ●シェードガーデン …140
- ●キッチンガーデン …142

第6章 病害虫の防除法

- 病害虫からの被害を防ぐ …144
- 病害虫のチェックポイント …146
- 薬剤にたよらない防除法 …148
- 薬剤を使用する防除法 …150

第7章 夏と冬を乗り切る

- 夏越しのコツ …158
- 冬越しのコツ …162
- COLUMN ガーデンプランづくり …166
- ●フォーマルスタイル …166
- ●ナチュラルスタイル …167
- ●モダンスタイル …168
- ●さまざまな花の形と草姿 …169
- 園芸用語 …173
- 索引 …175

第 1 章

園芸植物のグループ

Biennial plants

1年草は、こんな植物

植物は1年草や2年草、宿根草、樹木など、さまざまなライフサイクルをもっています。

まず、タネをまいて生長するまでが早く、どんどんふえるのでビギナー向きといえる1年草のライフサイクルをご紹介しましょう。

1年草とは、発芽→生長→開花→枯死というライフサイクルが1年以内で終了する植物です。さらに、大きく分けて春にタネをまいて育てる春まき1年草と、秋にタネをまいて育てる秋まき1年草があります。

春まき1年草

春にタネをまくと発芽し、生長して夏から秋の間に花を咲かせて実を結び、冬には枯れます。結実したタネは冬を越しますが。アサガオやヒマワリ、コスモス、ケイトウ、ヒャクニチソウなどが代表的な種類で、寒さに弱いので、非耐寒性1年草ともよばれます。

秋まき1年草

秋にタネをまくと発芽し、生長して冬の寒さにあって花芽ができます。春から初夏に開花・結実して夏に枯れます。軽く霜よけが必要な種類もありますが、基本的には寒さに強く、一年中、屋外で栽培できます。代表種にスイートピーやヤグルマギク、ヒナゲシ、キンセンカなどがあり、耐寒性1年草ともよばれます。

日本では1年草

気候の違いから、原産地と日本でのライフサイクルが異なる園芸植物もあります。例えば、ニチニチソウやオシロイバナなどは原産地では宿根草ですが、日本では春まき1年草としてあつかわれます。冬の間、室内に移して暖かい場所で栽培すれば枯れずに越冬し、本来の姿を取り戻し、長く楽しめます。

春まき1年草

冬になって枯れた春まき1年草

■ヒマワリ
キク科●花期：7〜9月●タネまき：4月中旬〜5月中旬●草丈：30cm〜3m●利用法：花壇、鉢植え、切り花

第1章　園芸植物のグループ

春まき1年草

■ペチュニア
ナス科●花期:5～11月●タネまき:4～6月●草丈:20～30cm●利用法:鉢植え、花壇、ハンギングバスケット

■マリーゴールド
キク科●花期:6～10月●タネまき:4～6月●草丈:20cm～1m●利用法:花壇、鉢植え、ハンギングバスケット

■インパチェンス
ツリフネソウ科●花期:5～10月●タネまき:4～6月●草丈:15～40cm●利用法:鉢植え、花壇、ハンギングバスケット

秋まき1年草

■スイートアリッサム
アブラナ科●花期:3～6月●タネまき:9月中旬～10月上旬●草丈:8～15cm●利用法:花壇、鉢植え、グラウンドカバー

■キンセンカ
キク科●花期:3～6月●タネまき:9月上～中旬●草丈:15～50cm●利用法:花壇、鉢植え、切り花、ハーブ

■ワスレナグサ
ムラサキ科●花期:4～5月●タネまき:9月下旬～10月上旬●草丈:20～40cm●利用法:花壇、鉢植え

■ロベリア
キキョウ科●花期:4～6月●タネまき:9月中旬～10月●草丈:10～15cm●利用法:花壇、鉢植え、ハンギングバスケット

■パンジー
スミレ科●花期:11～翌年5月●タネまき:8月下旬～9月●草丈:15～30cm●利用法:花壇、鉢植え、ハンギングバスケット

■ストック
アブラナ科●花期:11～翌年4月●タネまき:7月下旬～9月・10月●草丈:20～80cm●利用法:花壇、鉢植え、切り花

Biennial plants

2年草は、こんな植物

2年草にふくまれる園芸植物は少ないのですが、こぼれダネでどんどんふえる種類が多いのが魅力です。花を見るまで時間がかかりますが、それだけに開花したときの喜びはひとしおでしょう。

2年草とは発芽してから枯れるまでのライフサイクルが1年以上2年以内の植物のグループで、代表種にルナリアやヤチアオイ、フウリンソウ、ジギタリス、アンチューサなどがふくまれます。

今では少数派

最近では、改良がすすみ、タネまきから1年もかからずに開花を楽しめるようになり、園芸植物としては少数派のグループとなってしまいました。

ルナリアの魅力

ルナリアは初夏に芳香のある濃い赤紫色や白い花を房状に咲かせます。その後、だ円形の非常にうすい莢（さや）をつけます。

ルナリアは秋まきの草花とされますが、2年草なので、開花結実までに1年以上かかるため、秋にタネをまいても翌年には花が咲きません。そこで、4～5月にタネをまき、冬までに十分に大きな株に育てて、翌年の開花に備えます。

このように、開花まで時間がかかる2年草ですが育ててみると、ほかの植物とはちがうライフサイクルを興味深く楽しめるでしょう。

■ **ルナリア**
アブラナ科 ● 花期：4～5月 ● タネまき：4～5月 ● 草丈：30cm～1m ● 利用法：花壇、鉢植え、切り花、ドライフラワー

別名の大判草は、莢の形から。タネがはじけた後の莢の中は、絹のような光沢がある膜が現れ美しい。

莢

第1章 園芸植物のグループ

Perennial plants

宿根草は、こんな植物

葉や茎が枯れて死んでしまったように見えても根はしっかりと生きていて、快適な環境になると再び生長し、花を咲かせる植物を宿根草とよびます。このライフサイクルをくり返し、何年も生き続ける手入れの楽な植物群です。

宿根草というと、冬場に地上に出ている茎葉が枯れてしまう植物と思われがちですが、地上部が枯れて地下にある休眠芽を残すタイプや、常緑で地上部が枯れて休眠するタイプ、常緑で地上部が枯れないタイプなどいろいろなライフサイクルを持つタイプがあります。

越冬して活動を再開すれば、大きな手間をかけずとも毎年花を咲かせて、庭やベランダを彩ってくれます。

ただし、種類によっては暑さや寒さに弱いものがあります。育てる場所に適しているかどうかを調べ、タネや苗を購入する前に検討しておきましょう。

暑さに弱い宿根草の場合、コンテナ植えは日陰に移す、庭植えの場合は遮光ネットなどで日ざしを遮るという方法があります。寒さに弱い宿根草の場合、敷きわらをするだけでかなりの寒さよけになります。

地上部が枯れないタイプ

アジュガやクリスマスローズのように1年中緑葉がある常緑の宿根草もあります。また、マーガレットのように、霜が降りない地方なら大きな株に育ち、地上部を残したまま越冬するものもあります。

地上部が枯れて休眠するタイプ

サクラソウやアマドコロ、ホトトギスなどは、冬場地上部はありませんが、古株のわきに芽のついた新しい株ができています。これが翌年生長します。

地上部は枯れて地下にある休眠芽を残すタイプ

キキョウやシャクヤク、ギボウシ、キクなどは地上部は枯れても、地下にある休眠芽は生きて越冬し、春が近づくと新しい葉を地上に出し生長していきます。

地上部が枯れないタイプ

■ユリオプスデージー
キク科●花期：11～翌年5月上旬●苗の出回り期：10～翌年4月●草丈：30cm～2m●利用法：花壇、鉢植え

■ダイアンサス
ナデシコ科●花期：4～6月、10～11月●タネまき：3～4月、9～10月●草丈：10～80cm●利用法：花壇、鉢植え、グラウンドカバー

葉を地面にはりつけるロゼット状になって寒風をさけ、越冬する。

Perennial plants

地上部が枯れないタイプ

■ヒマラヤユキノシタ
ユキノシタ科●花期:3～5月中旬●苗の出回り期:3～5月、10～11月●草丈:20～40cm●利用法:花壇、鉢植え、グラウンドカバー

■アジュガ
シソ科●花期:4～5月●苗の出回り期:3～5月、10～11月●草丈:10～20cm●利用法:花壇、鉢植え、グラウンドカバー

■リクニス(スイセンノウ)
ナデシコ科●花期:6～9月●苗の出回り期:3～6月、9～11月●草丈:50cm～1m●利用法:花壇、鉢植え、切り花

■ガーベラ
キク科●花期:5～10月●苗の出回り期:周年●草丈:20～60cm(切り花用品種40～80cm)●利用法:鉢植え、花壇、切り花

■シバザクラ
ハナシノブ科●花期:4月●苗の出回り期:4～6月、10～11月●草丈:5～15cm●利用法:花壇、鉢植え、グラウンドカバー

■クリスマスローズ
キンポウゲ科●花期:12～翌年4月●苗の出回り期:9～翌年4月●草丈:20cm～1m●利用法:花壇、鉢植え、グラウンドカバー

地上部が枯れて休眠するタイプ

■ペンステモン
ゴマノハグサ科●花期:5～9月●苗の出回り期:3～4月、10～11月●草丈:30～80cm●利用法:花壇、鉢植え、切り花

■オイランソウ
ハナシノブ科●花期:6～8月●苗の出回り期:3～4月、9～11月●草丈:50cm～1.2m●利用法:花壇、鉢植え、切り花

■ジギタリス
ゴマノハグサ科●花期:5～6月●苗の出回り期:10～翌年5月(タネまき5～7月中旬、9月)●草丈:80cm～1.5m●利用法:花壇、鉢植え、切り花

第1章　園芸植物のグループ

■キク
キク科●花期：9〜11月●苗の出回り期：3〜4月●草丈：25cm〜1.2m●利用法：鉢植え、花壇、切り花

■シャクヤク
ボタン科●花期：5月●苗の出回り期：3〜5月、9〜10月中旬●草丈：70cm〜1.2m●利用法：花壇、鉢植え、切り花

シャクヤクの芽。地上に芽だけを残して越冬する

地上部は枯れて休眠芽を残すタイプ

宿根草は一度植えると、自力で生長し、毎年決まった時期に開花し、季節の到来を教えてくれる。手間もかからず楽に栽培でき初心者向き。

Bulbous plants

球根植物は、こんな植物

タネとくらべて球根には栄養分が多くたくわえられているので、「きっと咲く」という強い安心感をもてます。また、植木鉢に1個だけ植えて咲かせても可憐な風情が味わえますが、庭にたくさん植えても豪華で見応えがあり、幅広く楽しめます。

球根植物は宿根草にふくまれますが、ふつうの宿根草とちがって、生長に不適な気候が近づくと、地上部が根や茎、葉の一部に栄養分をたくわえてから、地上部を枯らし休眠します。原産地でのライフサイクルによって、冬に休眠するタイプや、夏に休眠するタイプがあり、日本での植えつけの適期にあわせて春植え球根、夏植え球根、秋植え球根があります。

春植え球根

ダリアやカンナ、グラジオラスなど赤道周辺の原産地の植物が多いので、冬が近づくにつれて地上部が枯れて地中の球根のみで休眠します。成長期に養分を十分にたくわえた球根を、また春に植えると、夏に同じ花が咲き、毎年楽しめます。

夏植え球根

秋に開花し、その後に葉を伸ばし、冬に生長して球根に栄養をたくわえ、初夏に地上部を枯らして休眠します。ヒガンバナやナツズイセンなどをふくむリコリスのグループやコルチカムなどがふくまれます。

秋植え球根

チューリップやムスカリ、スイセン、ヒアシンス、ユリ、アネモネなど有名な植物を多くふくむグループです。秋に球根を植えつけ、冬に根を伸ばして、春にぐんぐんと生長し開花します。寒さにあうことによって休眠が解け、生長が開始するという性質をもっているのです。

Column
球根の種類

地上部が生長し、球根に栄養分をたくわえるのが球根植物ですが、たくわえる部位は根や茎、葉などさまざまです。たくわえる部位によって分類されています。

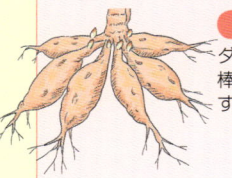
塊根（かいこん）
ダリアのように根が棒状や紡錘状に肥大するタイプ

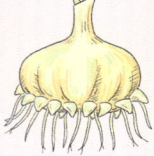
球茎（きゅうけい）
グラジオラスのように地下の茎が短くなって球状に肥大するタイプ

隣茎（りんけい）

層状鱗茎（そうじょうりんけい） **鱗状鱗茎（りんじょうりんけい）**

短い茎に肥大化した葉（鱗片）が幾重にも重なって球状になったもの。鱗状鱗茎は、ユリのように球根の外側が薄皮の外皮に包まれていないタイプ。層状鱗茎はチューリップのように鱗片が外皮に包まれているタイプ

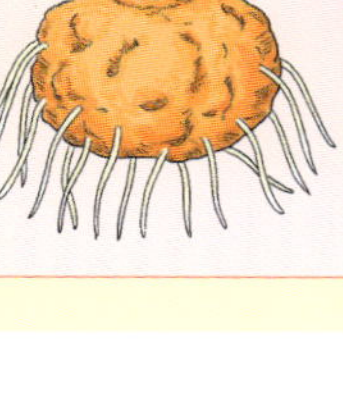

塊茎（かいけい）
シクラメンのように茎や地下茎の先端が球状や塊状に肥大するタイプ

根茎（こんけい）
カンナのように地下の茎が全体的に肥大するタイプ

第1章　園芸植物のグループ

春植え球根

■カンナ
カンナ科●花期:6〜11月●植え時:4月下旬〜5月●草丈:40cm〜2m●利用法:花壇、鉢植え

■ダリア
キク科●花期:6月中旬〜7月、9月中旬〜11月●植え時:3月下旬〜4月、6月中旬〜7月●草丈:15cm〜1.4m●利用法:花壇、鉢植え、切り花

夏植え球根

■コルチカム
ユリ科●花期:10〜11月●植え時:8〜9月●草丈:7〜20cm●利用法:花壇、鉢植え、土なし栽培

秋植え球根

■チューリップ
ユリ科●花期:3月下旬〜5月上旬●植え時:10〜11月●草丈:10〜60cm●利用法:花壇、鉢植え、切り花

■ムスカリ
ユリ科●花期:3〜5月●植え時:10〜11月●草丈:5〜25cm●利用法:花壇、鉢植え、切り花

■ユリ
ユリ科●花期:4〜8月●植え時:10〜11月●草丈:20cm〜2m●利用法:花壇、鉢植え、切り花

■スイセン
ヒガンバナ科●花期:12月〜翌年4月●植え時:10〜11月●草丈:15〜40cm●利用法:花壇、鉢植え、切り花

■アネモネ
キンポウゲ科●花期:4〜5月●植え時:10〜11月●草丈:15〜40cm●利用法:花壇、鉢植え、切り花

Foliage plants

観葉植物は、こんな植物

部屋の中に観葉植物があると、なんとなく気持ちが和むものです。一鉢あるだけで植物から生命力があふれ出て、部屋全体が明るくなるような印象も与えてくれる身近な植物です。

熱帯や亜熱帯地方原産で、おもに葉の美しさを観賞するグループを、観葉植物とよんでいます。一般に、光量が戸外にくらべて少なくても育てられる植物が多いため、室内でもよく栽培されています。

しかし、原産地が熱帯や亜熱帯地方だからといって、かならずしも強光や高温を好むわけではありません。適切な栽培方法でグリーンライフを楽しみましょう。

鉢の置き場所

観葉植物は日陰に鉢を置いても大丈夫なイメージがありますが、生長するには多少の光量は必要です。室内の日の当たらない場所に鉢を置いておくと、ひょろひょろとした頼りない株になってしまいます。

春には窓辺、夏から秋は室内か戸外で直射日光の当たらない風通しのよい半日陰、冬はよく日が当たる暖かい場所に置きます。

ただし、夏から秋は戸外に出すと株が丈夫になってよいのですが、直射日光で葉焼けを起こす可能性があります。遮光ネットやよしずで明るい日陰をつくり、鉢を置きます。

冬の窓際は夜間になると急激に温度が下がるので、夜は室内の中央に移します。

湿度管理

観葉植物にかぎらず、植物は鉢土の表面が乾いてから水を与えます。与えるときは底穴から水が流れ出るまでたっぷりと与えましょう。

観葉植物は、いつも湿った空気に包まれていることも重要です。とくに、冬の室内は暖房がきいていて、かなりの乾燥状態になります。そのため、霧吹きで葉や株のまわりに水を与えるのは重要な作業で、葉水とよばれます。また、植物は水分を蒸散させているので、数株をまとめて置いておいたほうが、湿気の多い空気に包まれてよいでしょう。

特に寒さに弱い植物は紙袋やビニール袋をかぶせておくと安心です。ただし、暖房の風に、直接当てることは避けましょう。

ハイドロカルチャー（水耕栽培）
発泡煉石などの専用用土で植物を育てるので、清潔感があり室内で楽しむ観葉植物には最適な栽培方法。

テラリウム
半密閉状態の透明な容器を使って植物を栽培することで、ミニ観葉は小さいままの姿が長く楽しめる。

第1章 園芸植物のグループ

■ ベンジャミン
クワ科●観賞期：周年●出回り期：周年●草丈：30cm〜3m●利用法：鉢植え、スタンダード仕立て

■ オリヅルラン
ユリ科●観賞期：周年（自然開花4〜7月）●出回り期：周年●草丈：20〜30cm●利用法：鉢植え

■ モンステラ
サトイモ科●観賞期：周年（まれに花が咲く）●出回り期：周年●草丈：つる性で約10mくらい伸びる●利用法：鉢植え

■ アジアンタム
ワラビ科●観賞期：周年●出回り期：周年●草丈：20〜30cm●利用法：鉢植え、テラリウム

■ フィロデンドロン
サトイモ科●観賞期：周年●出回り期：周年●草丈：つる性で数m伸びる●利用法：鉢植え

■ ポトス
サトイモ科●観賞期：周年●出回り期：周年●草丈：つる性で約10mくらい伸びる●利用法：鉢植え、テラリウム

■ ディフェンバキア
サトイモ科●観賞期：周年●出回り期：周年●草丈：60cm〜2m●利用法：鉢植え（茎の切り口から出る乳液は有毒）

■ ドラセナ
リュウゼツラン科●観賞期：周年（自然開花3〜10月）●出回り期：周年●草丈：約6m●利用法：鉢植え

Wild plants

山野草は、こんな植物

華やかに改良された園芸種とちがって、山野草には楚々とした魅力があります。ながめているだけで野山にいるような空間に感じられ、心が洗われます。繊細な植物なので、自生地の環境にあった栽培を行いましょう。

山野草は野山に自生する植物をさしますが、園芸的には特定の地域の固有種や自然変異株、交配種、野趣のある品種までふくめて山野草とよんでいます。必ずしも日本原産の種類とはかぎらず、タネから繁殖した外国産の植物も山野草にふくんでいます。

鉢の選び方

山野草の多くは、根が空気を好むので、鉢の中がいつもじめじめと湿っている状態をきらいます。釉薬を塗っていない山野草用の焼き締め鉢は、通気に優れているのでおすすめです。さらに、鉢底の広めの形を選べば水はけがよく、なお育ちがよいでしょう。

苗を植える土

鉢の選び方同様、土も通気と水はけが肝心です。園芸店やホームセンターで売られている状態では育たないので、鹿沼土と軽石砂を同量合わせ、2mm目のふるいで粉状の土（みじん）を取り除いて苗を植えつけます。このとき、よぶんな根を切って整理してから、根を広げて植えるのがポイントです。

鉢を置く場所

購入した山野草がどんな環境で育つか調べ、日当たりを好む植物は日当たりに、半日陰を好む植物は半日陰に、日陰を好む植物は日陰に置きます。また、ほとんどの山野草が風通しのよい場所を好み、湿度が高い環境をきらいます。冬は寒風をさけ、ほかの季節は風通しのよい場所に置きましょう。

水の与え方

水はけのよい土をつかっているので、一般的な園芸植物につかわれている土に

■ ユキワリソウ
キンポウゲ科●開花期：2〜4月●出回り期：10〜翌年3月●草丈：5〜10cm●利用法：鉢植え、庭植え

■ ミヤマオダマキ
キンポウゲ科●開花期：4〜5月●出回り期：1〜5月（タネまき5〜6月）●草丈：30〜50cm●利用法：鉢植え

■ ダイモンジソウ
ユキノシタ科●開花期：9〜12月●出回り期：3〜11月●草丈：20〜50cm●利用法：鉢植え、石づけ

第1章 園芸植物のグループ

肥料の与え方

苗を植えるときに、株元をさけて、緩効性化成肥料を土の表面に数粒まき、土に混ぜます。さらに、成長期である春から夏に液体肥料（チッ素N—リン酸P—カリK＝5—10—5）を毎月1〜2回与えます。

くらべ早く乾きます。土の表面が白く乾いたら、底穴から多量の水が流れ出るくらいたっぷりと与えます。

自然を模倣して、石と礫で高山植物を植える手法をロックガーデンといいます。植える植物によっていくつかの形態がありますが、左の写真のような多孔質の石をくり抜いたトラフだと気軽に挑戦でき人気です。

Column
山野草は購入して手に入れよう

山野草は野山から採集され市販されているという印象がありますが、現在は生産者によって人工的に栽培されたものが店頭に並んでいます。野山で美しい花を見つけたからといって、持ち帰る行為は悪意はなくとも自然破壊につながるのです。野生に咲いているものは、ながめて愛でるだけにとどめるべきなので注意しましょう。

■ショウジョウバカマ
ユリ科●開花期：3〜4月●出回り期：11〜翌年2月●草丈：10〜30cm（花後に50〜60cm）●利用法：鉢植え、庭植え

■カタクリ
ユリ科●開花期：4〜5月●出回り期：5月●草丈：15〜25cm●利用法：鉢植え、庭植え

■イカリソウ
メギ科●開花期：3月下旬（暖地）〜5月（寒冷地）●出回り期：3〜5月●草丈：20〜40cm●利用法：鉢植え、庭植え

Cactus・Succulent

サボテン・多肉植物は、こんな植物

砂漠などの環境に適応して、葉や茎、根が分厚くなって多肉質になり、多量の水分を蓄える機能をもった種類が多肉植物。サボテンもふくまれますが、サボテン科は数千種という大きな科なので、園芸の世界では分けられています。

多肉植物のライフサイクル

多肉植物の原産地は世界各地に広がっているため、種類ごとに好む環境があります。しかし、日本では原産地と環境がちがうため、適応しようとして生長と休眠というライフサイクルをくり返します。

これには3タイプあります。

夏型 春から秋に生長し、冬は日本の寒さをさけて休眠します。

冬型 秋から冬に生長し、夏は日本の高温をさけて休眠します。

春秋型 日本の高温と寒さを休眠によってさけ、春と秋に生長します。

鉢の置き場所

基本的な鉢の置き場所は、できるだけ長い時間、よく日が当たるところです。

夏 猛暑が続くときは、朝日だけが当たる場所や木もれ日がさす木陰に置きます。

夏型や春秋型は1日に最低4時間以上は日当たりに置きます。室内で栽培する場合は、晴れた日は戸外の日当たりに置き、夕方には取り込みます。冬越しは8〜20℃で管理します。

水の与え方

土が完全に乾いてから、晴天の午前中（夏のみ夕方）に鉢の底穴から水が流れ出るまで与えます。また、雨をきらうので、週に3回以上は雨に当たることがないようにします。

肥料の与え方

コンパクトに育てるには、肥料は少なくするのがコツです。

育てやすい多肉植物

■乙女心（おとめごころ）
●ベンケイソウ科 ●観賞期：周年（早春咲き）
●出回り期：6〜10月 ●高さ：10〜20cm
●利用法：鉢植え

■花月（かげつ）
●ベンケイソウ科 ●観賞期：周年（晩秋〜冬咲き）●出回り期：周年 ●高さ：30cm〜2m ●利用法：鉢植え

■黒法師（くろほうし）
●ベンケイソウ科 ●観賞期：周年（春か秋咲き）●出回り期：周年 ●高さ：50cm〜1m ●利用法：鉢植え

第1章　園芸植物のグループ

サボテンのライフサイクル

成長期　春から秋に、雨や霧から水分を得て少しずつ生長します。

休眠期　雨が降らず、乾燥が続くと水分の消費を少なくおさえようとして生長が止まります。この冬の時期が休眠期です。

鉢の置き場所

春〜秋　日がよく当たる軒下などに置きます。真夏は直射日光をさけて日陰へ移動。日が陰ってきたら元の場所にもどします。

冬　室内の日当たりや窓辺に置きます。

水の与え方

周年、土が完全に乾いてから行います。雨に当たったら、水の与えすぎと同じなので、すぐに乾いた場所に移します。11・3月は土が乾いてから1週間後くらいに与えます。12〜2月は月に1回与えればよいでしょう。

肥料の与え方

緩効性のものや遅効性の有機質肥料が適し、植え替えの際に元肥として施せば、追肥の必要はほとんどありません。

緋牡丹（ひぼたん）他
葉緑素が欠如しているため、つぎ木で育てられる。

サボテンと多肉植物
サボテンや多肉植物は多くの品種が出回るので、コレクションに最適。

育てやすいサボテン

■ 白鳥帽子"バニーカクタス"
サボテン科 ● 観賞期：周年（夏咲き）● 出回り期：春〜秋 ● 茎節は楕円形・長さ15cm ● 利用法：鉢植え

■ 金鯱（きんしゃち）
サボテン科 ● 観賞期：周年（春〜夏咲き）
● 出回り期：春〜秋 ● 球形・球径：80cm
● 利用法：鉢植え

■ 月影丸（つきかげまる）
サボテン科 ● 観賞期：周年（早春〜晩春咲き）● 出回り期：春〜秋 ● 草丈：短円筒状・球径：6〜7cm ● 利用法：鉢植え

Orchid

ランは、こんな植物

ランには、洋ランと東洋ランがありますが、一般に東洋ランにくらべ洋ランは豪華な花と種類の多さが大きな魅力で、東洋ランは花姿から鉢にいたるまで全体を愛でて楽しむという魅力があり、大きなちがいがあります。

ランとは、ラン科にふくまれる植物のことで約800属2万5000種が世界中に広く分布しています。人工種は約6万種もあるといわれています。園芸の世界では、これらを洋ランと東洋ラン、野生ランに分類しています。

洋ラン

日本へは明治から大正時代にかけて、ヨーロッパを通じて紹介されたので西洋ラン、これを略して洋ランとよんでいます。東洋ランや野生ランに対比してよばれていますが、東洋ランや野生ランとの交配種も多くあります。

一般に洋ランは、東洋ランや野生ランよりも交雑により数多くの園芸品種が作り出され、属と属との属間交雑も数多くあります。カトレアやシンビジウム、バンダ、デンドロビウムなどが代表種です。

Column
着生種と地生種

ランには樹木や岩の上に根を張って生長する着生種と、地中に根を張って生長する地生種などがあります。多くは着生種ですが、どちらの種か調べてから栽培しましょう。植え替え時に着生種は水ゴケで、地生種は土で植えつけなければならないので注意が必要です。

地生種
シンビジウムやパフィオペディラム、エビネなど

着生種
デンドロビウムやカトレア、オンシジウム、など

花のつくり

ずい柱　萼片(セパル)　花弁(ペタル)　萼片(セパル)　花弁(唇弁)

■オンシジウム
ラン科 ●開花期‥種、品種により異なる ●出回り期‥周年 ●草丈‥90cm前後 ●利用法‥鉢植え

■シンビジウム
ラン科 ●開花期‥12月〜翌年4月 ●出回り期‥12月〜翌年3月 ●草丈‥60〜80cm ●利用法‥鉢植え

■デンドロビウム
ラン科 ●開花期‥1〜3月 ●出回り期‥11月〜翌年3月 ●草丈‥30〜70cm ●利用法‥鉢植え

第1章 園芸植物のグループ

東洋ラン

中国や日本に分布する温帯原産のラン科シンビジウム属や、別属のフウランなどを総称して東洋ランとよんでいます。特に、野生ではめずらしい花色や斑入り葉、草姿のシュンランやカンラン、ホウサイラン、コラン、スルガラン、イッケイキュウカなどが代表種です。

野生ラン

日本に自生するラン科の植物をさしますが、園芸の世界では「山野草」としてあつかわれます。エビネやサギソウ、セッコクなどがふくまれます。

■セッコク
ラン科 ●開花期:5〜6月 ●出回り期:4〜5月 ●草丈:10〜20cm ●利用法:鉢植え

ビギナー向きの東洋ラン

■カンラン
ラン科 ●開花期:晩秋〜冬 ●出回り期:周年 ●草丈:50cm〜1m ●利用法:鉢植え

■日本シュンラン
ラン科 ●開花期:3〜4月 ●出回り期:周年 ●草丈:10〜25cm ●利用法:鉢植え、庭植え

■中国シュンラン
ラン科 ●開花期:3〜4月 ●出回り期:周年 ●草丈:10〜20cm ●利用法:鉢植え

ビギナー向きの洋ラン

■カトレア
ラン科 ●開花期:12月〜翌年2月 ●出回り期:周年 ●草丈:20〜90cm ●利用法:鉢植え

■エピデンドラム
ラン科 ●開花期:9月〜翌年2月 ●出回り期:周年 ●草丈:20cm〜1m ●利用法:鉢植え

■ファレノプシス(コチョウラン)
ラン科 ●開花期:2〜3月 ●出回り期:周年 ●草丈:50cm〜1m ●利用法:鉢植え

Garden plants

庭木・花木は、こんな植物

樹木には、ながめているだけで力強い印象があり、安らぎを与えてくれます。花や実、葉、幹を楽しむ木など種類はさまざまなので、自分好みの樹木を庭や鉢に植え、その生長を楽しみましょう。

園芸の世界では家庭の庭に植える木を庭木、花を楽しむ木を花木とよんでいますが、厳密に定めてわけているわけではありません。花木を庭に植える場合もあるし、庭木を盆栽などにして鉢植えで楽しむ場合もあるからです。ここでは、庭木と花木の楽しみ方のポイントを木の部位ごとにご紹介しましょう。

花を楽しむ

一般には花を楽しみたい人が一番多いことでしょう。花の形から色、大きさ、香り、満開時の全体の姿などさまざま魅力があり、選ぶのに迷うほどです。

実を楽しむ

実を観賞する種類も多くあります。色や形、大きさなどさまざまです。また、ハナミズキのように春に花を楽しみ、秋に真っ赤な果実と葉の紅葉が楽しめる種類も少なくありません。

葉を楽しむ

濃淡や斑入り葉などの美しい葉をもつ種類は花や実のように一時期だけ楽しむのではなく、長く楽しめる利点があります。また、紅葉や新芽の色を観賞する種類も多くあります。

幹を楽しむ

落葉樹のなかにはシラカバなど、葉を落とした後に幹の美しさで魅力を発揮する種類があります。

落葉広葉樹・常緑広葉樹・針葉樹の3つに大別される

落葉広葉樹

一般に落葉樹とよばれます。休眠がはじまると葉をすべて落とします。

常緑広葉樹

一般に常緑樹とよばれま

葉を楽しむ

■カエデ
カエデ科 ●観賞期：3〜5月、10〜12月 ●植え時：11月下旬〜翌年1月 ●樹高：3〜5m ●利用法：庭植え、鉢植え

実を楽しむ

■マユミ
ニシキギ科 ●観賞期：10〜11月（開花期5〜6月）●植え時：10月〜12月、3月 ●樹高：3〜5m ●利用法：庭植え、鉢植え、盆栽

花を楽しむ

■ウメ
バラ科 ●開花期：2〜3月 ●植え時：11〜翌年3月 ●樹高：3〜5m ●利用法：庭植え、鉢植え

第1章　園芸植物のグループ

落葉広葉樹・常緑広葉樹・針葉樹

常緑というと同じ葉が一生ついているように思われがちですが、2年間で葉は落ちます。秋から冬に落ちる種類と、春の新芽が出るころに再度落ちる種類があります。

針葉樹

マツなどのように、針状の葉をつける木本を針葉樹とよんでいます。多くは常緑樹ですが、カラマツのような落葉針葉樹もあります。最近は英名のコニファーの名でよばれ、色や姿の美しい種類は利用価値が高く、庭やコンテナの寄せ植えなどに多用されています。また、地面をはうように伸びる匍匐性のコニファーはグラウンドカバーにされます。樹高や樹形、葉色などを上手に組み合わせると、コニファーだけの庭も楽しめます。

■**サルスベリ**
ミソハギ科●開花期：7〜9月●植え時：4〜5月中旬●樹高：5〜10m●利用法：庭植え、鉢植え

■**ツバキ**
ツバキ科●開花期：10月下旬〜4月●植え時：3月下旬〜4月、梅雨期、8月下旬〜10月上旬●樹高：10〜15m●利用法：庭植え、鉢植え、花材

■**ハナミズキ**
ミズキ科●開花期：4月中旬〜5月中旬●植え時：11月下旬〜12月中旬、2月中旬〜3月上旬●樹高：4〜10m●利用法：庭植え、鉢植え

■**コニファー類**
マツ科、ヒノキ科、スギ科など●観賞期：周年●植え時：2月中旬〜5月上旬、9〜11月●樹高：50cm〜20m●利用法：庭植え、鉢植え

■**ロウバイ**
ロウバイ科●開花期：12月〜翌年3月●植え時：11月下旬〜12月、2月下旬〜3月●樹高：2〜4m●利用法：庭植え、鉢植え、盆栽、花材

幹を楽しむ

■**シラカバ**
カバノキ科●観賞期：周年●植え時：2〜3月●樹高：15〜20m●利用法：庭植え

Vegetable

野菜は、こんな植物

小さなタネから大きな野菜に生長していくさまは、感動の一言につきます。採れたて超新鮮、食べごろの野菜をすぐさま食べられる幸せは、なにものにもかえがたいよろこびを与えてくれます。

野菜は、米や麦などの農作物とは区別し、栽培をして副食などにして利用する草本性食用植物の総称です。採取したり、栽培したりして食用にする山菜や野草、キノコもふくみます。日本では200種に近い種類の野菜が市販されています。

堆肥をたっぷり

野菜を育てるためには、土を育てておかなければなりません。まずは、日当たりと風通しのよい場所で畑の範囲を決めます。そして、市販の酸度をはかる測定キットで土の酸度を測ります。

きっと、結果は酸性にかたむいていることでしょう。中性に近づけるためには苦土石灰か消石灰をまきます。どちらも植えつけの1〜2週間ほど前にまいて土を耕します。そのままでは土がかたくなってしまうので、完熟した堆肥もたっぷりとまいてよく耕しておきましょう。

3つのグループ

野菜は食べる部位によって果菜、葉菜、根菜に分類されています。代表的な野菜を分類表にまとめました。

植栽計画

つくりたい野菜だからといって、同じ畑に同じ野菜ばかりをつくっていては連作(さく)となり、連作障害が土壌に発生する可能性大です。同じ科の野菜を続けて植えないよう植栽計画をたてから栽培をはじめましょう。

野菜の分類

果菜 — トマト、ピーマン、スイカ、キュウリ、ナス、イチゴ など

葉菜 — ホウレンソウ、チンゲンサイ、ハクサイ、キャベツ、タアサイ、タマネギ など

根菜 — サツマイモ、ニンジン、ジャガイモ、ダイコン、ゴボウ、ラディッシュ など

24

第1章　園芸植物のグループ

畝立てと元肥

畝立て

植栽計画が決まったら、畝立てです。畝とは、野菜のタネをまいたり、苗を植えつけるために細長く畑土を盛り上げたものです。

1 よく耕して酸度調整した畑に、野菜に適した畝幅にロープを張る。

3 溝の中に、畝1m²当たり完熟堆肥2kgを均一にまく。

5 溝を埋め、ロープの両側から高さ5〜10cmに土を寄せる。

2 畝の中央に深さ15〜20cmの溝を掘る(作条施肥の場合)。

4 堆肥の上に、化成肥料を畝1m²当たり100〜200gまく。

6 レーキで表面を平らにならしておく。

元肥

タネをまく前や苗を植えつける前に、土に与える肥料のことです。チッ素、リン酸、カリがバランスよくふくまれた化成肥料がよく使われます。

タネまき

タネのまき方には、ばらまき、すじまき、点まきがあり、畑に直接まく直まきとポットなどの容器にまいて、発芽した苗を畑に移植する方法があります。

ばらまき

まき床の表面を平らにならし、タネをばらばらとまく方法。コマツナやホウレンソウ、ラディッシュなどの生育期間の短い野菜に適したまき方。

点まき

1 一定の間隔を取って、空き缶などで深さ1〜2cmのまき穴をつくる。

2 1か所に数粒ずつ、タネが重ならないようにまく。

すじまき

1 溝に1列にタネをまく方法。支柱を押し付けてまき溝をつける。

2 厚まきにならないよう、1cm程度の間隔でタネをまいていく。

Vegetable

苗の植えつけ

苗を植えつける日は、風のない曇天の日中が最適です。植える場所に根鉢の大きさの穴をあけ、たっぷりと水をそそぎ、水が引いたらポットから抜いた苗を植えます。株元を軽く押さえ、さらに株元に水をかけましょう。

連作障害

野菜を育てるときに気をつけなければならないのが、連作障害です。同じ場所に、同じ野菜を続けてつくることを連作といいます。連作を続けても生育に障害が出にくい野菜もありますが、ほとんどの野菜は生育に障害が出ます。また、同じ科に属する野菜は、似たような性質を持ち、病気や害虫などが共通することが多いため、同じ仲間を連作すると生育が極端に悪くなり、枯れることもあります。ウリ科やアブラナ科、ナス科というように、育てる野菜が何科に属しているかを知ることが大事です。

苗の植えつけ

3 植えつけ後、仮支柱を立てたっぷり水を与える。

2 水が引いてから、根鉢を崩さずに植えつけ、株元を軽く押さえる。

1 根鉢が入る大きさの植え穴を掘り、穴にたっぷりの水を与える。

連作をさけるための分類表

サトイモ科	シナノキ科	アカザ科
サトイモなど	モロヘイヤなど	ホウレンソウ、スイスチャード、フダンソウなど
バラ科	マメ科	アオイ科
イチゴなど	エダマメ、インゲンマメ、ソラマメ、サヤエンドウ、サヤインゲン、ササゲなど	オクラ、フユアオイなど
セリ科	アブラナ科	イネ科
ニンジン、パセリ、セロリ、ミツバ、アシタバなど	キャベツ、ブロッコリー、カリフラワー、ハクサイ、チンゲンサイ、ダイコン、コマツナ、カブ、ミズナなど	トウモロコシなど
ユリ科	シソ科	ヒルガオ科
ネギ、タマネギ、ニンニク、ラッキョウ、ニラ、ワケギ、アスパラガス、アサツキ、ユリネなど	シソ、エゴマなど	サツマイモ、クウシンサイなど
キク科	ウリ科	ナス科
レタス、サニーレタス、シュンギク、アーティーチョーク、ゴボウなど	キュウリ、カボチャ、ズッキーニ、ニガウリ、スイカ、メロンなど	ナス、トマト、ピーマン、ジャガイモなど

第1章　園芸植物のグループ

ハーブは、こんな植物

ハーブは、いつもの料理に新鮮な風味や香りをくわえてくれます。さらには、可憐な花も人気です。生活に潤いを与えてくれるハーブには、育てやすいものが多いので、いろいろな種類を栽培してみましょう。

ハーブとは個性的な香りがあって、料理や薬用につかえる植物、と日本では認識されているようです。しかし、欧米では古くから「人間にとって有用な植物」、つまり、人の生活に役立つ植物、と広くとらえられています。

栽培のポイント

春 春3月くらいから新芽が伸びてくるので、よく日が当たるように日をさえぎるものをかたづけます。枝葉を元気よく生長させるためにチッ素分を多くふくむ肥料を適量与えましょう。

夏 梅雨時は株の込み合っている部分や、細い枝をつけ根から切って剪定をし、風通しをよくします。花は観賞後できるだけ早く切り取って株が疲れないようにします。

秋 庭に植えていたレモングラスやローズゼラニウムなどの寒さに弱い種類を掘りあげて鉢に植え替え、11月に霜が降りる心配のない場所に移しましょう。

冬 庭に植えた寒さに耐えられる種類は、株元に落ち葉やワラなどを敷いて霜よけをし、越冬させます。

花後の剪定

株を疲れさせないためにも、花後に株の1/2〜1/3ほど切り戻す。

庭植えの霜よけ

株元を腐葉土や落ち葉、わらなどで覆うと、霜よけとともに霜柱の害からも株が守れる。

■タイム
シソ科●花期:4月中旬〜6月●タネまき:4〜5月、9〜10月中旬●草丈:20〜30cm●利用法:花壇、鉢植え、飲食、ポプリ、クラフト

■バジル
シソ科●花期:7〜10月●タネまき:5〜7月中旬●草丈:50〜80cm●利用法:花壇、鉢植え、飲食

■ローズマリー
シソ科●花期:11月〜翌年5月中旬●植え時:3〜5月、9月中旬〜11月●草丈:30cm〜2m●利用法:鉢植え、庭植え、飲食、ポプリ、入浴剤

■ラベンダー(イングリッシュ)
シソ科●花期:5月下旬〜7月中旬●植え時:9月中旬〜11月上旬、3〜5月●草丈:30cm〜1m●利用法:花壇、鉢植え、ポプリ、入浴剤、ドライフラワー

COLUMN

ハーブをすてきに楽しむ

触れるたびに心地よい香りが漂い、ゆったりした気分になれるハーブは、
丹精こめた花をながめるのもよいものですが、
美しい花や香りを長期間楽しめるのがリースやポプリ、ドライフラワーです。
かんたんにでき、部屋を華やかに彩るインテリアにもなるので、ぜひ挑戦してください。

Dry flower ドライフラワー

手軽に保存する方法では、ドライフラワーが一番かんたんです。生花とはちがった趣きがあり、長期間保存できます。

1 3～5分咲きのころ、香りを楽しむなら花が咲く前、晴れた日の午前中に葉をつけて切り取る。

2 5～10本ずつ束にして輪ゴムやひもで下部をしばり、風通しのよい日陰に吊るして乾燥させる。

3 カゴや花瓶に入れて飾るだけで、素敵なインテリアになる。

Potpourri ポプリ

ポプリに最適なのはラベンダーやローズなど香りのよい花。いろいろな香りをブレンドすれば、世界にひとつしかないオリジナルのポプリの誕生です。

1 オリスルートやカラマスルートなどの香りの保留剤に好みのエッセンシャルオイルを数滴たらす。

2 好みのドライフラワーと1をチャックつきのビニール袋に入れる。

3 空気を入れてチャックをしめ、軽くふって混ぜる。

4 2～3週間熟成させればできあがり。

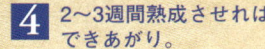

Lease リース

ドライでもフレッシュでもリースの素材になります。
市販のリース台とワイヤーさえあれば手軽にリースが楽しめ、
さし込む植物を変えれば何回でも楽しめます。

1 リース台に小枝をさしてワイヤーでとめ、土台をつくる。

リース台は園芸店やホームセンターで購入できる。

2 小さな花の束や葉の束をワイヤーでとめて、いくつもつくる。

3 2の束を1にさし込み、ワイヤーでとめるとできあがり。

Ftuit trees

果樹は、こんな植物

家庭で、果実を実らせる喜びは大きなものです。さらに、果実だけでなく、花や紅葉も楽しめる種類も多く、周年楽しめます。育て方のコツを覚えて、果樹の魅力を堪能しましょう。

生食や料理をして食用にする果実をつける樹木を果樹とよんでいますが、バナナのように草本のものもあります。家庭で果樹の栽培をおこなうと完熟させた状態で収穫できるので、果実本来の味を楽しめます。庭や鉢植えで育てられる種類がほとんどなので挑戦してみましょう。

果樹の分類

果樹の種類は、以下のように分類されます。

落葉果樹 温帯果樹ともいい、冬に葉を落として休眠するので低温に強い種類です。リンゴやナシ、モモ、ウメ、サクランボ、カキ、イチジク、ザクロ、クリなどやつる性のアケビ、ブドウ、キウイフルーツ、さらに、小果樹とよばれて家庭で育てやすい人気のブルーベリーやラズベリー、ブラックベリー、スグリなどがふくまれます。

常緑果樹 冬でも葉を落とさず、1年中葉が茂っている果樹をこうよびます。柑橘類やビワ、オリーブ、ヤマモモなどがあり、亜熱帯地方が原産地なので、暖地では庭植えできますが、寒冷地では鉢植えで栽培します。

熱帯果樹 マンゴーやパパイア、パイナップル、パッションフルーツ、バナナ、グァバなどトロピカルフルーツともよばれている、熱帯起源の常緑性の果樹です。

1本でも果実ができる種類	2本以上必要な種類
授粉しなくても果実がつく種類 ウンシュウミカン、イチジク、カキ（'平核無'など）	**雄株と雌株がある種類** キウイフルーツ、ギンナンなど
自分の花粉でよく果実がつく種類 ブドウ、ナツミカン、キンカン、ビワ、スグリ、モモ（'大久保'や'白鳳'など）、ザクロ、ナツメなど	**花粉がほとんどない種類** モモの'白桃'（'大久保'などの花粉がある品種が必要）、ウメの'白加賀'などの花粉がある品種が必要）、カキの'富有'など（'禅寺丸'などの雄花がつく品種が必要）
	花粉はできるが、自分の花粉では果実ができない種類 ナシ、リンゴ、ハッサク、サクランボ、スモモ

落葉果樹

■ブドウ
ブドウ科 ●収穫期：8〜10月中旬（開花期5月中〜下旬）●植え時：11〜12月、3〜4月 ●樹高：つる性で長く伸びる ●利用法：庭植え、鉢植え、生食、ジュース

■カキ
カキノキ科 ●収穫期：9月中旬〜11月中旬（開花期5月）●植え時：12月〜翌年3月 ●樹高：2〜3m ●利用法：庭植え、鉢植え、生食

■ブルーベリー
ツツジ科 ●収穫期：6〜9月上旬（開花期4月下旬〜5月中旬）●植え時：9月中旬〜12月上旬、3月 ●樹高：1〜3m ●利用法：花壇、鉢植え、生食、ジャム

第1章 園芸植物のグループ

よい苗の見分け方

- 地上部と地下部のバランスがとれている
- 充実した芽がつき、節間が詰まってがっちりとしている
- 穂木
- 台木と穂木（→P116）との太さが同じくらい
- 台木
- 根が太く、細い根が多い

種類を選ぶ

種類や品種を選ぶ際のポイントは、育てる地域の気候にあう性質をもっているかどうか、果実をつけるための授粉樹が必要かどうかを調べましょう。さらに、ミカンやビワなどの常緑果樹は3月、リンゴなどの落葉果樹は11〜12月に購入して栽培をはじめるのが基本です。

寒さにとても弱いのですが、鉢植えで、冬は温かい室内で上手に温度管理すれば温室がなくても開花、結実させることができ、家庭でも楽しめます。

苗木選び

苗木にはポットに植えられたポット苗と、畑から掘り上げた地掘り苗（裸苗、棒苗）があります。初心者の方には根の活着がよい、ポット苗がおすすめです。

常緑果樹

■ フェイジョア
フトモモ科 ●収穫期：10月中旬〜12月中旬（開花期6月）●植え時：3月中旬〜4月上旬 ●樹高：2.5〜3m ●利用法：庭植え、鉢植え、生食

■ ウンシュウミカン
ミカン科 ●収穫期：10月下旬〜12月（開花期5月中旬〜6月中旬）●植え時：3〜4月 ●樹高：2〜2.5m ●利用法：庭植え、鉢植え、生食、ジュース

■ キンカン
ミカン科 ●収穫期：12月〜翌年4月（開花期7〜8月）●植え時：3〜4月 ●樹高：1〜1.5m ●利用法：庭植え、鉢植え、生食

熱帯果樹

■ ストロベリーグァバ
フトモモ科 ●開花・結実：春〜秋 ●植え時：4〜5月 ●樹高：1.5〜2m ●利用法：鉢植え、生食、ジュース

■ パッションフルーツ
トケイソウ科 ●開花・結実：春〜秋 ●植え時：4〜5月 ●樹高：つる性でよく伸びる ●利用法：鉢植え（あんどん仕立て）、生食、ジュース

■ パパイヤ
パパイヤ科 ●開花・結実：春〜秋 ●植え時：4月 ●樹高：2〜3m ●利用法：庭植え、鉢植え、生食、野菜

hydrophytes

水生植物は、こんな植物

水鉢やアクアリウムなどで栽培する水生植物の姿には透明感があり、涼やかな情景を楽しめます。種類によって自生地の水域が異なるので、生育環境を調べてから栽培を楽しみましょう。

6タイプの生える場所

1. 浮遊植物
2. 沈水植物
3. 浮葉植物
4. 抽水植物
5. 湿地生植物
6. 沈水＆湿地生植

水生植物は6タイプ

川や湖沼、池などの水中や水辺に、一生または一時期を生育する植物を水生植物といいます。6つのタイプに分けられています。

浮遊植物 根が水底に張らず、水面に浮かんでいるので、栽培がかんたんです。

沈水植物 根が水底に張り、植物全体が水中に沈んでいます。

浮葉植物 根茎部は水中にあり、茎葉の一部を水面に浮かせる植物です。

抽水植物 根と茎の一部は水中、葉や茎を水上に出して生育する植物です。

湿地生植物 水が飽和状態の環境を好みますが、多少の水不足にも耐え、茎葉の一部は常に水中に沈んでいなくても生育します。

沈水＆湿地生植物 水中でも水上でも育つので、鉢植えや腰水栽培、水中などさまざまな育て方ができます。ただし、水上まで伸びた水上葉という部位がないと、鉢植えや腰水栽培はできません。

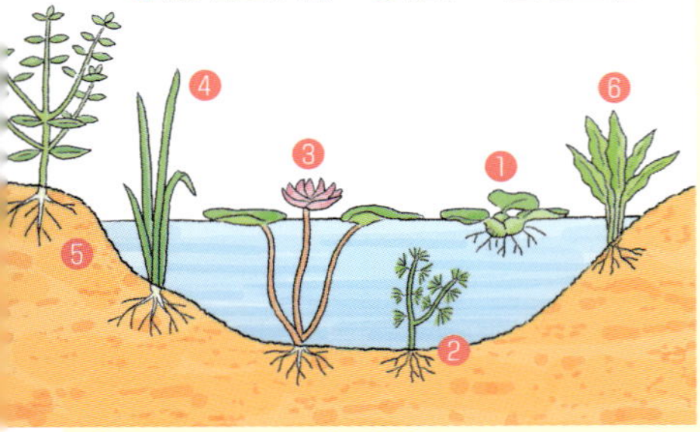

茶わんバスの栽培

水生植物を育てる容器に古い火鉢を利用すると水温が上がりにくく、和風の雰囲気も楽しめる

■ サギソウ
（⑤ 湿地生植物）
ラン科 ●開花期：7〜8月●出回り期：4〜9月●草丈：20〜30cm●利用法：鉢植え

■ ハス（④抽水植物）
ハス科 ●開花期：6〜8月●出回り期：5〜8月●草丈：20cm〜1.5m（水面上）●利用法：ハスがめ植え、池

■ スイレン（③浮葉植物）
スイレン科 ●開花期：5〜9月●出回り期：4〜10月●草丈：20cm〜1m（水中の長さ）●利用法：睡蓮鉢植え、水槽、池

■ ホテイアオイ
（①浮遊植物）
ミズアオイ科 ●開花期：8〜10月●出回り期：4〜8月●草丈：20〜30cm●利用法：水槽、池

第1章 園芸植物のグループ

Insectivorous plants

食虫植物は、こんな植物

食虫植物の魅力の秘密は、その特殊な姿と、意外に美しい花を咲かせることのギャップでしょう。そして、ビギナーにもかんたんに栽培できる種類が多いことも人気のひとつといえます。

食虫植物とは一般の植物のように土壌や水中から栄養分を摂取し、光合成も行っていますが、くわえて葉が変形して捕虫器官になり小動物を捕らえて消化し、栄養分の一部として吸収する植物です。自生地は世界中にあり、生育に適した温度や湿度、光の条件は種類ごとにちがいます。日本で栽培しやすい種類には以下のものがあります。

ハエトリグサ 二枚貝のような葉の内側に感覚毛が生えています。この感覚毛に虫が触れると葉がすばやく閉じて虫を捕らえます。

モウセンゴケ 全体にある腺毛からベタベタとした粘液を出し、ここに虫が触れると動けなくなります。手軽に購入でき、栽培もかんたんな種類は、アフリカナガバノモウセンゴケとサスマタモウセンゴケです。

ミミカキグサ 地下部に、とげのようなものが2本生えている袋をもっています。ミジンコなどの水中の生物が、とげに触ると袋の中に吸い込まれ消化吸収される仕組みです。

サラセニア 筒状の葉にはふたがあり、そのふたの内側から蜜を出して虫をさそいます。筒の縁はすべりやすく、内側には下向きのとげが生えているので、縁から滑りおちた虫は登って逃げ出すことができません。暑さ寒さに強く、育てやすい種類です。

ウツボカズラ 葉の主脈だけが伸びて、その先がふくらみ、ふた付きの袋をつくります。ふたを開いて甘い蜜を出して虫をおびきよせ、縁から落ちた虫を消化吸収します。袋の色や模様、形は豊富で、耐寒性や耐暑性は種類によって違います。

■ モウセンゴケ
モウセンゴケ科 ●開花期：5〜6月 ●出回り期：5〜7月、11月 ●草丈：5〜30cm ●利用法：鉢植え、テラリウム

■ ハエトリグサ
モウセンゴケ科 ●開花期：5〜6月、10月 ●出回り期：4〜8月 ●草丈：10〜15cm ●利用法：鉢植え

■ ミミカキグサの一種
タヌキモ科 ●開花期：8〜10月 ●出回り期：5〜7月 ●草丈：3〜5cm ●利用法：鉢植え

■ ウツボカズラ
ウツボカズラ科 ●開花期：7〜8月 ●出回り期：2〜11月 ●草丈：つる性で長く伸びる ●利用法：ハンギングバスケット

■ サラセニア
サラセニア科 ●開花期：5〜6月 ●出回り期：4〜7月、10〜11月 ●草丈：10〜60cm ●利用法：鉢植え

Grass

シバは、こんな植物

わが家の庭を青々とした芝生で覆いたいという人は多いでしょう。しかし、管理がむずかしそうで敬遠されている人も多いようです。植える場所の環境に合った種類を選ぶことで、管理も容易になりますので、挑戦してみましょう。

芝生(しばふ)とは、シバが低く、群生している場所をさします。シバは草丈が低く、踏みつけに強い、イネ科の植物です。植物学的にはふたつのタイプ、「暖地型シバ」と「寒地型シバ」に分けられます。

暖地型シバ

暑さや乾燥に強く、夏によく伸長するので夏シバともよばれていますが、反面、寒さに弱く、晩秋に気温が下がると生育が止まり、冬は葉が枯れて休眠状態になります。春になると再び新芽が出て生育を始めます。

日本で古くから栽培され、日本シバとよばれるコウライシバやノシバが一般的で、ソッドとよばれる板状の苗を購入して芝生をつくります。

これらのほかに、サッカー場や野球場で使用される西洋シバのバミューダグラスがあります。

寒地型シバ

タネをまいて芝生をつくります。寒冷地でも生育し、冬でも緑の葉を保つので冬シバともよばれています。5℃以下になると生育は止まりますが、葉が枯れることがない常緑型のシバです。日本シバに対して西洋シバとよばれるもので、ケンタッキーブルーグラスやベントグラス、フェスク、ライグラスなどの種類があります。

シバの選び方

寒冷地では寒地型のケンタッキーブルーグラスなどを、暖地ではコウライシバが用いやすいなど、気温による選択や芝生をつくってからのメンテナンスなども考慮して選ぶことが大事です。

手入れの行き届いた芝生は清々しく、さわやかな印象を与えてくれます。

■コウライシバ（暖地型シバ）
イネ科 ●観賞期：春～秋 ●出回り期：3月中旬～6月、9月 ●利用法：家庭の庭、公園

■ノシバ（暖地型シバ）
イネ科 ●観賞期：春～秋 ●出回り期：3月中旬～6月、9月 ●利用法：家庭の庭、公園

■バミューダグラス（暖地型シバ）
イネ科 ●観賞期：春～秋 ●出回り期：3～4月 ●タネまき：4～7月 ●利用法：家庭の庭、公園

■ケンタッキーブルーグラス（寒地型シバ）
イネ科 ●観賞期：周年 ●タネまき：4月中旬～5月下旬、8月下旬～10月(寒冷地5～8月) ●利用法：家庭の庭、公園、競技場

第2章

タネと苗

ポリポットにタネをまく

タネから植物を育てることは園芸の基本です。小さなタネから芽が出て、大きく生長し、花が咲いて、実がついて、さらにタネが採れる、この過程には園芸の醍醐味があるからです。

では入手しにくい品種を育てられること、そして、ポット苗では見られない幼苗時の姿を愛でられることがあげられます。

まき時の目安

タネのまき時は寒さに弱い性質の種類の春まきと、暑さに弱い性質の種類の秋まきに大別されます。春まきの適期は、サクラのソメイヨシノの花が散って葉桜になったころです。

秋まきは、残暑がおさまり、ヒガンバナが咲くころがまき時です。本格的な寒さがやってくるまでに、しっかりと根を張らせるようにしないと秋まきが適期の植物でも枯れてしまうので要注意です。

タネをまくメリット

最近では、園芸店からホームセンターまでポット苗が中心に売られています。しかし、ポット苗は購入してすぐにコンテナに植えれば花を楽しめるメリットがあり簡便ですが、タネから育てる作業にはポット苗にはない魅力があふれています。

タネから育てるメリットは、安価であること、大量の苗を得られること、市販の苗

【ポリポットへのタネまき】

材料
1. ポリポット
2. タネ
3. 鉢底ネット
4. タネまき用培養土

1 ポリポットにタネまき用培養土を8分目ほど入れる。

2 培養土に水をかけて湿らせておく。

春 ソメイヨシノ
秋 ヒガンバナ

Column
タネ袋は情報の宝箱

タネ袋の裏側には育て方のほか、採種した生産地や年月日、タネまきの有効期間などが表記されているので、よく確認しましょう。栽培記録をつける場合、タネ袋も一緒に保管しておくとすばらしい資料になります。

第2章　タネと苗

【大きなタネをまく】

育苗箱の深さ半分くらいまで土を入れ、段ボール箱の切れ端などで均等な深さの溝をつけ、タネが重ならないように同じ間隔でまく。

Column
光が必要なタネ、不要なタネ

タネには発芽時に光が必要な好光性種子と、光を嫌う嫌光性種子があります。好光性種子にはタネまき後、覆土する(土をかける)際に光が感じられる程度に土をうすくかぶせ、嫌光性種子には厚く土をかぶせます。

好光性種子は覆土せず、新聞紙をかけ、その上から十分に水をかける。発芽後は新聞紙を取りのぞく。

好光性種子
アゲラタム、インパチエンス、カランコエ、カンパニュラ、グロキシニア、キンギョソウ、コリウス、サイネリア(シネラリア)、ストケシア、ジギタリス、セイヨウオダマキ、プリムラ、ベゴニア、ペチュニア、ユーストマ(トルコギキョウ)　など

嫌光性種子
デルフィニューム、ナスタチューム、ハナビシソウ、ビンカ(ニチニチソウ)、マツバボタン、ルピナス、ワスレナグサ　など

3　細かいタネは折った紙にのせ、裏を軽くたたきながらまくとよい。

4　覆土。タネの上からタネが隠れる程度に土をかける。

ワンポイントアドバイス
腰水(こしみず)
細かいタネをまいた場合、ポリポットの高さの3分の1くらいまで水を入れて、底穴から水を与える。

5　腰水をして、風の当たらない半日陰に置いて管理する。

草花苗の植えつけ

日当たりや水はけの好みなど、植物の習性を知り、育てる植物にあわせた場所を選んで植えつけましょう。

そして、その植物の植えつけ適期を守って植えることが重要です。

よい苗の選び方

植物を長く楽しむには、新鮮で、株元がしっかりとし、節と節の間が詰まったがっちりとした苗を購入することが大切です。

根鉢のチェック

株元がグラグラする株は、根が張っていないので×。また、底穴から根がはみ出している苗は、根が回って根詰まりをおこしている可能性があるのでさけましょう。

よい苗
- 花茎が太く、がっちりとしている
- 蕾が多い
- 葉が厚く緑色が濃い
- 底穴から新鮮な白い根が少し出ている

悪い苗
- 蕾が少ない
- 花茎がやわらかく、ひょろひょろして弱々しい
- 葉に病気の痕や虫食いの痕がある
- 底穴から茶色い根が出ていたり、穴が根で詰まっている

【根詰まりをおこしている苗の処理】

1 びっしりと根が巻き茶色く変色した部分がある。

2 根がびっしりと巻いている底部の根をそぎ取り、コンテナに植えつける。

第2章　タネと苗

苗を植える深さ

苗を植えつけるとき、水やりをした際の水が一時的にたまるスペースを残して用土を入れます。この水しろは、ウォータースペースとよばれ、5号鉢で人指し指の第一関節の深さが基本となっています。

材料

① ポット苗　② 鉢
③ 培養土　④ ゴロ土

ウォータースペース

【鉢への植えつけ（例：ワスレナグサ）】

1 鉢に鉢底ネットを敷き、ゴロ土を底が見えなくなるまで入れる。

2 鉢に培養土を少し入れて苗を置き、高さを調節する。

3 株元を指ではさむように持ち、底穴から指で苗を押し出す。

4 苗を配置して、土をすき間なく入れる。

5 鉢の両端を持ち、軽く地面に打ちつけて、土を落ち着かせる。

6 水を鉢の底穴から流れ出すくらいたっぷりと与える。

【庭への植えつけ（例：マーガレット）】

1 土づくり（P128〜133）後の庭に植え穴を掘る。

2 ポリポットの底穴に指をさし込んで苗を抜く。

3 苗を植えて株元を両手で押さえ、たっぷりと水を与える。

球根の植えつけ

品質の悪い球根を選ぶと、後々まで生長に影響をおよぼして育てる楽しさが半減してしまいます。球根の選び方にくわえ、植えつけのポイントを覚えて楽しく栽培しましょう。

よい球根の選び方

品質のよい球根を得るために、植えつけの適期より早めに購入します。とくにチューリップやヒアシンスなど根の本数が少なく枝分かれしない球根は、根が生える部分の傷ついていないものを選ぶことが重要です。

ユリの球根は外皮に覆われていないので、湿度を保った袋に入っていることを確認しましょう。鱗片（りんぺん）がしっかりと重なっていることも大事なポイントです。

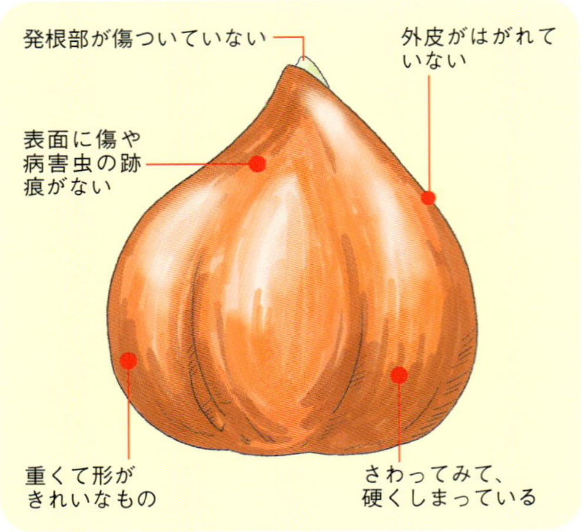

- 発根部が傷ついていない
- 外皮がはがれていない
- 表面に傷や病害虫の跡痕がない
- 重くて形がきれいなもの
- さわってみて、硬くしまっている

深さと間隔

球根類は植える深さと、球根と球根の間隔を守らないと生長に悪影響がでるので注意しましょう。

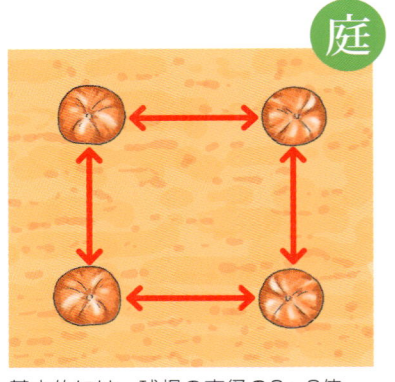

庭
基本的には、球根の直径の2〜3倍の間隔をあけて植える。ダリアやカンナなどは1mあけて植える。

鉢
基本的には、球根の直径1つ分の間隔をあけて植え、覆土も球根1つ分の厚さをかける。

【5号鉢に植えられる球根の数】

球根の大きさによって1つの鉢に植えられる数も違ってきます。5号鉢（口径約15cm）では以下の数が目安になります。

種類	数
コルチカム	1球
ヒアシンス	3球
ユリ	1球
スイセン	3球
チューリップ	3球
フリージア	8〜10球
ダッチアイリス	3球
クロッカス	8〜10球
ラナンキュラス	3球
アネモネ	5球
バビアナ	5球
オキザリス	3〜5球

40

第2章　タネと苗

【鉢への球根の植えつけ】
花後の生育を考えない鉢植えは、球根を密植して浅植えにします。

材料
❶球根　❷培養土　❸鉢（深鉢）
❹鉢底ネット　❺ゴロ土

2 球根を置く高さまで、鉢に培養土を入れる。

1 鉢に鉢底ネットを敷き、底が見えなくなるまでゴロ土を入れる。

5 鉢の底穴から流れ出るくらい、たっぷりと水を与える。

4 球根の頂部が隠れる程度に土をかけて浅植えにする。

3 球根を置いてみて、土の高さを調節する。

【庭に植えつける深さ】
球根類を庭に植えつける際の、深さの目安をあらわしています。

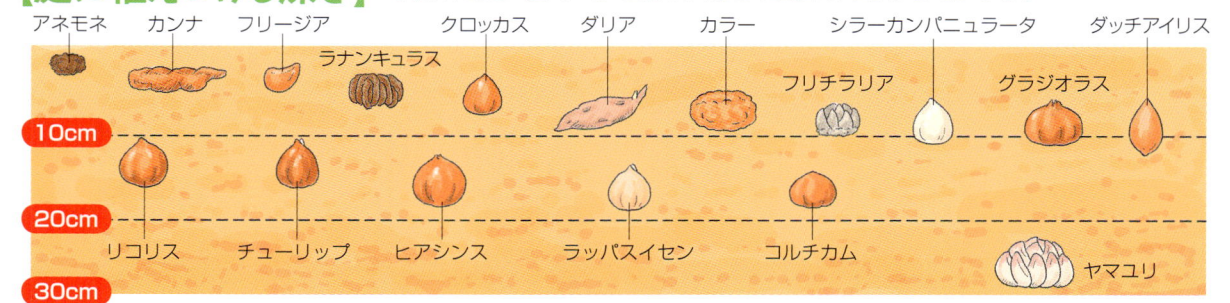

アネモネ　カンナ　フリージア　　　　クロッカス　ダリア　　カラー　　シラーカンパニュラータ　　ダッチアイリス
　　　　　　　　　　　　ラナンキュラス　　　　　　　　　　　フリチラリア　　グラジオラス

10cm

20cm
リコリス　　チューリップ　　ヒアシンス　　ラッパスイセン　　コルチカム

30cm
　　　　　　　　　　　　　　　　　　　　　　　　　　　　　　ヤマユリ

【球根の庭への植えつけ】
庭植えでは、よく育つように球根の大きさの2～3倍の間隔をあけて植え込む。

3 ラベルをさし、たっぷりと水を与える。

2 球根を置いて、高さを調節する。

1 土づくり（P128～133）後に球根3個分の深さの植え穴を掘る。

庭木・花木苗の植えつけ

庭木や花木は一度植えると移植することなく、そのまま育てることが多いので、植物の性質にあった植え場所を十分に考慮して決めます。日当たりや排水の悪い場所や、西日や強い北風が当たる場所、大気汚染の著しい場所はさけましょう。

苗木の種類

苗木には根巻き苗やポット苗などがあります。畑から掘り上げた樹木の根を乾燥させないように土ごとジュート布やこもに包んである苗木を根巻き苗とよび、ビニールポットに植えつけたものをポット苗とよんでいます。落葉樹は芽が多くつき、節と節の間が詰まっているがっちりとした苗木を選びます。また、接ぎ木部分がしっかりと活着しているものがよいでしょう。
常緑樹は葉の色つやがよく、芽が落ちていたり、カイガラムシがついたり、傷がついたりしていないものを選びます。

根巻き苗

ポット苗

植えつけの適期

針葉樹は寒さや暑さに強い木が多いので扱いやすく、2月中旬〜4月中旬、9月中旬〜12月中旬が適期です。ただし、ヒノキ、サワラ、ヒマラヤスギなどは暖地性なので4月上旬が適期です。
常緑広葉樹は寒さに弱い木が多いので、春になって気温が安定する頃に植えつけますが、新芽が伸びる4月中旬〜5月中旬を除いて、3月下旬〜10月上旬が適期です。
落葉樹は落葉期間の植えつけが理想的。11月〜翌年3月が適期ですが、寒冷地では寒いときはさけて春に行いましょう。

【ポット苗の鉢への植えつけ】

庭木や花木を鉢植えにすると、庭がなくても姿を愛でることができます。

1 鉢穴に鉢底ネットを敷く。

2 ポリポットから苗を抜いて、根鉢（P170）を一回りほどくずす。

材料
① ポット苗　② 培養土　③ 鉢
④ ゴロ土　⑤ 鉢底ネットとハサミ
⑥ ひも

42

第2章　タネと苗

【根巻き苗の庭への植えつけ】
よい環境の場所を見つけ、しっかり土づくりをしてから植えましょう。

材料
❶ 根巻き苗　❷ 腐葉土

2 掘り上げた土に対して、土の3割分の腐葉土を準備する。

1 土づくり（P128〜133）後の庭に、根鉢よりも一回り大きな植え穴を掘る。

5 土を穴に戻し、布を取りのぞかずにそのまま埋めていく。

4 苗を置き、株元と地面の高さがそろうように調節する。

3 土と腐葉土をよく混ぜ、植え穴の底に少し入れる。

8 半日か1日後、土手をくずして平らにならし、よく踏み固めておく。

7 土手の高さまで水をためて水鉢をつくる。

6 まわりの土をよせて土手をつくる。

5 名前と日付けを書いたラベルをさし、底穴から流れ出るくらい水を与える。

4 割り箸で突きながら土を入れ、支柱を立ててひもで固定する。

3 培養土を少し入れ、苗を置いて高さを調節する。

野菜苗の植えつけ

食べごろになった野菜を、すぐに収穫して食べられる喜びが家庭菜園の醍醐味です。好きな野菜を育ててもよし、珍しい野菜にチャレンジするもよし、まずは植えつけてみましょう。

【畑への植えつけ①（例：シシトウ）】

植えつけ後に苗がぐらつかないように支柱を立てます。

1 植えつける前に、苗に水を与えておく。

2 畝に植え穴を開け、ハスロをはずしたジョウロで穴にたっぷり水をためる。

3 ポリポットの底穴に指を差し込んで苗をそっと押し出す。

4 水がひいた穴に苗を植えつけ、株元を軽く押さえる。

5 苗から10cmくらい離して支柱を立て、支柱と茎をひもで結ぶ。

6 植えつけが終わったら、たっぷりと水を与える。

【畑への植えつけ③（例：ナス）】

ナスは枝分かれして大きく育つので、生長後に支柱が3本必要になります。

1 畝に移植ごてで穴を開け、ハスロをはずしたジョウロで穴に水をためる。

2 ポリポットの底穴に指を差し込んで苗をそっと押し出す。

3 水がひいた穴に苗を植えつけ、株元を軽く押さえる。

第2章　タネと苗

【畑への植えつけ②（例：キュウリ）】

キュウリはつるがからまって育つので、支柱につるを誘引して生長させます。

1 支柱を立て、支柱と支柱の間にネットを張る。苗と苗との間隔は40～50cmほどとっておく。

2 移植ごてで穴を開け、穴にたっぷり水をためる。

3 ポリポットの底穴に指を差し込んで苗をそっと押し出す。

4 水がひいた穴に苗を植えつけ、株元を軽く押さえる。

5 植えつけが終わったら、たっぷりと水を与える。

6 支柱とネットにつるがからみつきながら大きく生長していく。

4 苗から10cmくらい離して支柱を立て、支柱と茎をひもで結ぶ。

5 植えつけが終わったら、たっぷりと水を与える。

6 生長したら、枝に添うよう支柱を3本立てて固定し、それぞれの枝と支柱を結束する。

【畑への植えつけ④（例：ニガウリ）】

ニガウリはつるがからまって旺盛に育つので、網につるを誘引して生長させます。

3 植え終わったら、水を与える。

2 水がひいた植え穴に苗を植えつけ、株元を押さえる。

1 植え穴を掘って水をためておく。ポリポットの底穴に指を差し込んで苗を押し出す。

4 苗と苗との間隔は40〜50cmほどとって植えていく。幼苗のうちは苗から約10cm離して支柱を立て、つるをからませていく。

40cm〜50cm

5 生長するにつれて、つるが広がるように新たに支柱を立て、ネットを張る。

【鉢での育て方（例：イチゴ）】

イチゴは鉢植えでも元気に生育し、たくさんの収穫ができるので、庭がない人にもおすすめです。

3 芽が出るクラウン（苗の基部にある短い茎）を埋めないように土を足していく。

2 ポリポットの底穴に指を差し込んで苗を押し出し、根鉢をくずさないように植える。

1 コンテナに鉢底ネットを敷き、底が見えなくなるまでゴロ土を入れ、培養土を少し入れる。

第2章 タネと苗

【畑への植えつけ⑤（例：ダイコン）】

水はけのよい場所で育つので、深く耕し、土も細かく砕いてふかふかの土で育てましょう。

3 土と堆肥、化成肥料をよく混ぜあわせ、高さ20〜30cmの高畝を立てる。

2 畝の予定地にひもを張り、表土に堆肥と化成肥料をまく。

1 土づくり（P130〜133）後、30cmくらいまで深く耕す。

5 すじに約1cm間隔を目標にして、均等にタネをまいていく。

4 畝の中央に板や支柱を押しつけて深さ1cmほどのすじを入れる。

7 タネに土をかぶせた後、手で軽く押さえ、たっぷりと水を与える。

6 ふるいにかけた細かい土を、タネの上にかけていく。

【鉢への植えつけ（例：パセリ）】

必要なときにすぐに収穫できるから料理の盛りつけに大活躍。キッチンガーデンに最適な野菜です。

3 名前と日付けを書いたラベルをさし、底穴から流れ出るくらい水をやる。

2 ポリポットの底穴に指を差し込んで苗を抜き、根鉢をくずさずに植えつけ、株元を軽く押さえる。

1 プランターに培養土を少し入れ、ポットの苗を置いて高さを確認する。

果樹苗の植えつけ

花と果実の両方を楽しめる果樹栽培は、大変魅力的なガーデニングです。鉢植えでも果実が実る種類や、自分の花粉で果実をつける種類も多く、気軽にはじめられることも大きなメリットです。

【鉢への植えつけ（例：サクランボ）】

落葉果樹の一般的な植えつけ適期は11月下旬～12月か、芽が出る前の2月中旬～3月上旬。ミカン類などの常緑果樹は3月です。

材料
① ポット苗　② 培養土　③ 鉢
④ ゴロ土・ラベル

1 接ぎ木した部分のテープをハサミで切ってはがしておく。

2 ポリポットの底穴に指を差し込んで苗を取り出し、根をきれいに洗う。

3 よぶんな長い根は木バサミで切って整理しておく。

4 植えつける前に根を水につけておく。

5 鉢に中高に培養土を入れ、根を広げるように苗木を置く。接ぎ木部分が埋まらないように気をつけて培養土を足す。

6 根と根の間に土が入るように竹べらでなどで突き、底穴から流れ出るくらい水を与える。

コンテナ向きの果樹

落葉果樹
クランベリー、枝垂れ性のモモ"テルテスイミツ"、直立性のリンゴ"バレリーナ・アップルツリー"、フサスグリ、ブラックベリー、ブルーベリー、ユスラウメ、ラズベリーなど

常緑果樹
ウンシュウミカン、キンカン、フェイジョアなど

落葉・常緑果樹
グミなど

48

第2章　タネと苗

【庭への植えつけ(例：カキ)】
果樹苗を植えつけてから、2～3年で果実をならせることができます。

> **ワンポイントアドバイス**
>
> ### 直根性の果樹の場合
> カキやクリなどは直根性(根が下に下にと長く伸びる性質)なので、鉢植えにする場合は、最初から9～10号の大鉢に植えてしまう。根を深く切らずに植えると植え傷みが少ない。

2 半日から一晩ほど水に浸して十分に吸水させておく。

1 根のまわりを覆っている粘土質の土を、根を傷つけないように手できれいに取りのぞく。

5 土を少し植え穴に戻し、接ぎ木部分が埋まらないくらいの深さか確認する。

4 掘り出した土に堆肥と有機質肥料を混ぜておく。

3 接ぎ木部分が埋まらない程度の深さまで穴を掘る。

7 苗木にたっぷり水を与えるための水鉢をつくり、水を十分に与える。水が引くのを待って、土が沈んだ分、接ぎ木部分が埋まらない程度に土を足す。

6 接ぎ木部分が埋まらないように注意しつつ、土を戻していく。

シバの張り方

芝生の鮮やかなグリーンは庭を広く見せ、目に心地よく映ります。刈り込みなどの作業も、楽しみながらできることでしょう。

よい苗の選び方

厚さと大きさがそろった雑草の生えていない苗を選びましょう。

苗の大きさ

一般的に、カットされた苗（ソッド）は、1枚が28cm×36cm程度の大きさで、通常10枚1束（＝約1㎡分）で市販されています。あらかじめ、芝生にする予定のスペースを測り、張り方を決めて、必要な枚数を計算して購入しましょう。

材料

❶シバ苗 ❷トンボ ❸レーキ ❹板 ❺目土
❻移植ゴテ ❼土入れ ❽木ばさみ ❾手袋

よい苗 / **悪い苗**

店頭に積み重ねられた苗は、蒸れたり乾燥して枯れてしまっているもの（写真右）があるので注意して購入する。

シバの張り方

目地張り
最も一般的な張り方。苗と苗の間隔をあけ、そこに土を入れる方法

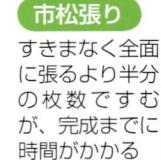

市松張り
すきまなく全面に張るより半分の枚数ですむが、完成までに時間がかかる

条張り
すきまなく全面に張るより費用は安いが、完成までに時間がかかる

3 目地を3〜4cmとりシバ苗を3〜4cm間隔で張っていく。板の上に乗って作業をすると、土の表面を平らに保ったまま行える。

6 目土を土入れで苗と苗の間に押し込む。しっかりと目土を埋め込むのがコツ。

第2章　タネと苗

【シバ苗の張り方（目地張り）】

シバは根が地面から10cmぐらいの深さによく根を張ります。したがって、深さ20〜30cmは土を耕すことが大切です。

1 芝生にする場所の土を改良し（P128〜133）、深さ20〜30cmまでシバの根がよく張るように耕しておく。

2 レーキやトンボで全体をならしつつ、芝生にする場所を周囲より2cmほど低くなるように整地をする。

4 端の部分はシバ苗を木バサミで切って、美しく仕上げる。

5 並べ終わったらシバ苗と土が密着するように、板の上から強く踏みかためる。

7 さらに、ほうきで目土を苗の葉先が隠れる程度までかける。

8 シバ苗をめくって水がしみ出てくるまで、たっぷりと水を与える。

コンテナへの植えつけ

コンテナは容器のこと。プランターや鉢などの容器にさまざまな植物を寄せ植えしたものがコンテナガーデンです。地面に直接植えるわけではないので、庭がなくても、狭い場所やベランダで手軽におしゃれな花づくりが楽しめます。

【いろいろな容器で楽しむコンテナガーデン】

素材や形もさまざまなコンテナ。コンテナのタイプによっても似合う植物があり、飾る場所もいろいろです。壁やフェンスに掛けたり吊るしたりして、立体感の演出をしてくれるハンギングバスケットも利用して、花壇とはひと味違った花づくりを楽しんでみましょう。

ハンギングバスケット

吊りタイプ。シート状のヤシガラがセットされているので、手間をかけずに空間を飾るおしゃれなハンギングバスケットがつくれる。

ストロベリーポット

植え口がいくつもあるので、花色の豊富なパンジーやプリムラ、キンギョソウなどを一度に何色も楽しみたいときに便利。

立体的に飾る

植物だけでなくコンテナの色や質を変えてコーディネートし、訪れるお客様の邪魔にならないように門扉のハンギングバスケットとともに立体的に見えるように飾る。

プラスチックの大型コンテナを使って

プラスチックのコンテナは色も豊富なので、植え込む植物とあわせやすく、手軽に寄せ植えが楽しめる。

サンドプランター

背の高いスタンドを利用すると、高さのある寄せ植えもよくまとまる。高原をイメージした夏の寄せ植えが、背景によくマッチしている。

素焼きのコンテナ

プレーンな素焼きのコンテナは、丸い壺型や四角、浅鉢、深鉢などいろいろな形があるうえに、コンテナ自体が素朴な色なので、どんな植物ともよくあう。

【寄せ植えのつくり方】

すでに花が咲いているポット苗が季節を問わず店先に並んでいますが、初めて寄せ植えをつくるなら、コンパクトな草花からはじめてみましょう。こんな色でまとめたい、季節感を出したいなど店頭でおよそのデザインを決め、出来上がりをイメージして植物を選びます。

材料
❶ポット苗　❷土入れ　❸鉢

2 鉢の縁から指2本分のウォータースペースをとり、容器の8割くらいまで培養土を入れる。

1 鉢底ネットを敷き、鉢底石を1/4〜1/3程度入れる。

5 周りに植える植物もポットから抜き、高さを揃えて培養土を足しながら植えていく。

3 根がびっしりと張っていたら、根鉢を軽くほぐす。

4 中央において高さを見る。

8 完成。

🔍 ワンポイントアドバイス
シルバーリーフプランツでおしゃれに演出

コンテナから垂れ下がるシルバーリーフプランツを使うと、植え込む草花が少なくてもおしゃれな寄せ植えに仕上がります。

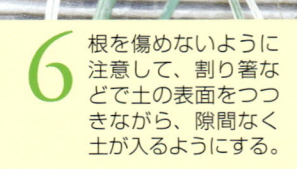

7 土が落ち着いたら、鉢底から流れ出るまで水をたっぷりやる。

6 根を傷めないように注意して、割り箸などで土の表面をつつきながら、隙間なく土が入るようにする。

第2章　タネと苗

【コンテナガーデンのリフォーム】

咲き終わったり、傷んだ植物だけを抜き取って、新しい開花株と交換すると新しい寄せ植えとして楽しめます。
また、伸びすぎたりした株は切り戻しておきましょう。植物の剪定をすると、まるで新しい寄せ植えのようです。

材料
❶ガーデンシクラメンとパンジー、クリサンセマム`ノースポール´、プリムラ・ポリアンサを植えこんだ寄せ植え　❷スカビオサの苗　❸培養土

1 枯れはじめたプリムラ・ポリアンサを移植ゴテをつかってていねいに取り出す。

2 植物を抜いた後の古い土も、他の植物の根を傷めないよう適宜取りのぞく。

3 空いたスペースにスカビオサの苗を置いてみて、培養土で高さを調節する。

4 スカビオサを入れこみ、すき間に培養土を入れ、株元を軽く押さえる。

5 コンテナの底穴から流れ出るくらい、水をたっぷりと与える。

COLUMN

捨てないで！
リフォームの楽しみ方

1シーズンだけ楽しんだらそれでおしまい、というのではもったいないかぎりです。樹木や多年草に節の花を組み合わせれば、季節の花を植え替えるだけで簡単にリフォームできますから、寄せ植えのリフォームにぜひチャレンジしてみてください。

夏

高温多湿の夏は植物にとっても過酷なシーズンです。暑さに強い植物を選びますが、種類や株数をたくさん植え込まないことが大事です。暑さに強い観葉植物を使ってトロピカルに演出してもよいでしょう。

▲春の寄せ植えから花が終わったデージーとガーデンシクラメン、プリムラ・ポリアンサを抜いてグズマニアとニューサイラン、ヘデラを植えこんだ涼やかな夏の寄せ植え。

春

春はパステルカラーで装うと、春らしい華やかな雰囲気になります。樹木やカラーリーフプランツとともに開花株を植え込むと、つくった直後から見栄えのする寄せ植えになります。

▲キンギョソウやデージー、ガーデンシクラメン、パンジー、ユリオプスデージー、シロタエギク、クリサンセマム`ノースポール´、ゴールドクレスト、プリムラ・ポリアンサをつかった華やかな春の寄せ植え。

冬

花の少ない冬ですが、寒さに負けず花を咲かせるものもあります。冬は植物も旺盛には育たないので、たくさん植え込んで華やかにつくることもできます。球根や小さな苗を植え込めば、春の開花が楽しみです。

▲秋の寄せ植えからパンジーとキク、スカビオサを掘り上げ、エリカとカルーナを足した落ち着いた雰囲気の冬の寄せ植え。

秋

秋は、紅葉や実のりの季節。オレンジや黄色などのオータムカラーでまとめると素敵です。シルバーリーフや銅葉、斑入り葉などさまざまな葉色の植物と実ものを使うと季節感が表現できます。

▲夏の寄せ植えからグズマニアが姿を消し、かわりにキクとスカビオサを植え込んだシックな秋の寄せ植え。

第3章

ふだんの手入れ

置き場所・植え場所

鉢植えを置く場所や、庭への苗の植えつけは栽培場所がどんな環境なのかをよく把握してから決めましょう。植物の性質を調べ、一番よい場所を選ぶのが健康に育てるポイントです。

植物が好む環境を調べる

事前に植物の種類や性質を調べておくと、栽培に最もよく適した場所を選ぶことができます。植物には日当たりを好む陽性植物ばかりでなく、半日陰や日陰を好む陰性植物もあるからです。

ベランダの環境

ベランダは周囲の建物の状況や、向いている方角、何階にあるかによって、環境はさまざまです。しかし、風通しが悪い夏の高温多湿な時期は、とくに植物の蒸れを気にしなくてはならない場所です。また、高い階になればなるほど風当たりが強くなり、乾燥する環境でもあります。どんな環境のベランダなのかを事前に把握し、工夫しながら育てるようにしましょう。

【ベランダでのよい置き場】

陰性植物
エビネ、アイビー、セントポーリア、アンスリウム、ミズヒキ、アオキ、ヤツデ、ツバキ、マンリョウ、カクレミノなど

陽性植物
ハイビスカス、カーネーション、パンジー、アサガオ、チューリップ、ハナミズキ、サクラ、ウメ、ツツジ、サツキなど

第3章 ふだんの手入れ

【元気な株と日光不足な株】

元気な株

日光や通風が得られると旺盛に育ち、次々と花が咲いていくので、花がらはこまめに摘む。

日光不足の株

日光の好きなバラなどを日当たりの悪い場所に置くと、花が小さくなり、花つきや葉の色も悪くなり、株全体に勢いがなくなる。

【強風への対策】

風当たりの強いベランダでは、台風の季節以外も樹高の高い樹木などはしっかり固定しておくと安心。

【強光や高温への対策】

西日が当たるところでは、よしずなどで日よけをして涼しく管理し、植物のダメージを抑えるようにする。

乾燥への対策

ベランダには天井があるため、雨が降ってもコンテナに雨水がかからず、乾燥で植物を弱らせる場合があります。さらに、強光や強風で追い討ちをかけるように乾燥がすすみます。水やりの頻度は数日おきにまとめて行うのではなく、コンテナごとに鉢土の様子を見て、こまやかな水やりを行いましょう。

強風への対策

高層マンションなどではビル風もくわわって、終日強い風が吹きつけるベランダも少なくありません。このようなベランダで植物を栽培する場合は、コンテナをしっかりと固定し、背の高い種類は太い支柱を立てて株を支えましょう。一年中、強く風が吹き込むベランダでは、防風ネットを張って予防することも必要となります。

強光や高温への対策

ベランダの多くはさえぎる木々がないため日光が直接、植物に当たります。また、夏はコンクリートの床や壁が熱を吸収して熱くなります。強光や高温に耐えられる植物を育てるのが先決ですが、よしずや寒冷紗(しゃ)をつかって簡単な日よけをしてやると、植物が受ける負担は軽くなり、育てられる種類の幅が広がるでしょう。

室内の環境

ガラス越しの日ざしや、照明の明かりしか得られないので、人間にとって快適な場所は、ほとんどの植物にとって生育に不適な場所です。

室内で身近に楽しみたい

丹精込めて育てた植物が花を咲かせたり、立派な株に生長し緑が美しい状態になったら、室内でゆったりと観賞したくなるものです。そんなときは、植物を、快適な場所の戸外と不適な場所である室内とに2～3日ごとに交互に置きましょう。

室内に置いているときは転倒しやすい場所に置かず、日当たりを好む植物は窓辺に、半日陰を好む植物はレースのカーテン越しの日光が当たる場所に置いて観賞します。

また、室内でも十分に栽培できる植物でも2～3日ごとにコンテナを回して、均等に日に当てることが重要です。

【室内の置き場】

花を長く楽しめるかどうかは置き場の環境によります。開花中だけ室内で観賞するためには、少なくとも午前中は日の当たる場所に置きます。窓辺に置くとレースのカーテンで日照の加減ができ、通風も図れます。

日光が好きな植物は日の当たる窓辺に置く

転倒しやすい場所には置かない

テーブルの上などは土をつかわないハイドロカルチャーが最適

葉焼けする観葉植物などは直射日光が当たらない場所に置く

第3章 ふだんの手入れ

庭の環境

植物が育つ環境を知ることが大事です。最も重要なのが日光ですが、わが家の庭の日当たりの状況を観察してみましょう。戸外に苗を植える場合や、コンテナを置く場合、日ざしを好む性質の植物が理想的となる環境は南か東向きで1日5時間以上日が当たるところです。さらに、水はけと風通しがよいことも条件に入ります。半日陰を好む性質の植物であれば、木もれ日が当たる木陰などがよい環境でしょう。

【戸外の置き場、植え場所】

半日陰を好む植物の植え場所

ギボウシやヒューケラ、ツワブキ、シダなど直射日光を嫌う植物は、建物や塀のわきなど明るい日陰に鉢を置くと、葉焼けをおこさず美しい姿が観賞できます。

日光を好む植物の下に草花を植える

日を浴びて咲き誇るバラ、落葉樹の斑入りミズキに夏の暑さが苦手なクレマチスを這わせ、適度に直射日光がさえぎられて株元のわい性のキンギョソウも長く楽しめます。

日光を好む野菜はテラスに置く

球根植物の植え場所

スイセンやアネモネなどの春咲き球根植物は、花が咲くころは日が当たり、休眠する夏に半日陰になる落葉樹の下が最適地です。

とくに果実を収穫する野菜は、日光不足では実つきが悪くなります。十分に日ざしが得られるテラスは最適な置き場です。

水の与え方

ジョウロやホースでさっと水をかけただけでは用土に水が浸透せず、水分が不足し、正常な生長が阻害されてしまいます。正しい水やりの方法を覚えて健康に植物を管理しましょう。

鉢植えの水やり

コンテナに植えられた植物は、その鉢にたくわえられた水分しか利用できません。必要なときに、必要な量を与えないと用土は乾いて植物は枯死してしまいます。しかし、与えすぎも禁物です。鉢土の表面を観察して必要な鉢植えにのみ水やりを行うようにしましょう。

鉢土の表面が白っぽく乾いているのを確認してから、水やりを行う。

水の与え方

水やりの基本は、株元に水を直接そそぐ方法です。泥がはねて葉や花にかかると病気の原因になるので、弱い水流で与えましょう。そして、コンテナの底穴から水が流れ出るまで、たっぷりと与えることが重要です。鉢土が乾くタイミングをはかり、メリハリの利いた水やりをしましょう。

🔍 ワンポイントアドバイス

鹿沼土でタイミングを知る

鉢土の表面に鹿沼土を数粒ばらまいておくと便利。水分が足りていると濃い黄色、乾くとうすい黄色と、濃淡がはっきりしているのでわかりやすい。

▲表土に鹿沼土をまいておくと、その色で土の乾き具合がはっきりわかって水やりのタイミングがわかりやすい。

▲写真下段右が湿った状態で、左が乾きはじめた色。写真上が乾いた状態。このタイミングで水やりを行う。

❌ 花や葉に水をかけているだけで、鉢土にはほとんど与えていない。

⭕ 株元をねらって、弱い水流で、底穴から流れ出るまでたっぷりと与える。

第3章　ふだんの手入れ

ハスロのつかい方

ジョウロのハスロは上向きにしてつかうのが基本です。土や植物への水の当たりがやわらかいからです。せまい範囲を水やりするときは、下向きにつかうとまんべんなく与えられるでしょう。また、ハスロをはずしてつかうと、繁茂した植物の株元をねらって、たっぷりと与えることができます。

【ハスロ】
▶ハスロを上向きにしてつかうと、当たりのやわらかな水流で広範囲に水を与えられる。

▼ハスロを下向きにつかうと、せまい範囲に水をまんべんなく与えられる。

▶ハスロをはずすと、繁茂した植物の隙間に差し込めるので株元の土にたっぷりと与えられる。

腰水

植木鉢の腰のあたりまで水につけることから腰水（こしみず）とよばれます。水をはった容器に鉢や苗床、播種床（はしゅどこ）を置き、底穴からの毛細管現象を利用して給水させます。浸水時間は数分から数十分で終わらせ、鉢土の表面がぬれたら取り出しましょう。湿地性植物の栽培などにも使われます。

【腰水】 
腰水は底穴から吸水させるので、表土を荒らさずソフトに水やりができる。

庭や花壇の水やり

ふだんは水を与えません。しかし、夏の日照りが続き、地表が白く乾いて植物がしおれはじめたら、水やりを行います。ホースで与えるときはホース内に残っている水が温かくなっていることがあるので、注意しましょう。泥がはねないように静かに、水たまりができない程度に与えます。

▶真夏に、乾燥が続くようなら朝のうちに花壇へも水やりをする。鉢植えへの水やり同様、泥がはねないよう静かに与える。

◀バラなどの花木には、根の周囲に浅い溝（水鉢）を掘り、溝の中にたっぷり水をやる。

肥料の施し方

肥料を選ぶには、肥料の種類や、効果の知識を得てから、目的にあった肥料を購入しましょう。

肥料のはたらき

植物の生長に必要な養分にはチッ素、リン酸、カリ、カルシウム、マグネシウム、イオウなど16要素もあります。そのなかで、とくに土中に少ないチッ素、リン酸、カリは重要な養分で、かならず植物に与えなければならないことから肥料の三要素ともよばれます。

微量ながら鉄やマンガン、銅、亜鉛などの、微量要素も植物の生体調節のために必要な養分です。

植物に必要な養分

- **微量要素**: 鉄、銅、亜鉛など
- ビタミン
- 副食
- 主食
- **中量要素**: カルシウム、マグネシウム、イオウ
- **肥料の三要素**: チッソ、リン酸、カリ

【"肥料の三要素"のはたらき】

生育段階で必要とする養分が異なりますが、最も必要とする重要な養分であるチッ素、リン酸、カリが植物のどの部分に、どのようにはたらくのかを知っておきましょう。

リン酸 P

花芽をつけたり、花を咲かせたり、結実させたりするのを促すはたらきがあり、花肥ともよばれる。不足すると花つきが悪くなるばかりか、開花や結実が遅れたりする。

チッ素 N

植物が若い時期や、茎葉や根が生長する時期に必要な養分で、葉肥ともよばれる。多く与えすぎると、葉が濃い緑色になったり、カップ状に変形したりする。また、不足すると、新葉が出る枚数が少なくなり、葉色が黄色っぽくなる。

カリ K

植物を丈夫に育てるはたらきがあり、病害に対する抵抗性が増す。とくに根の発達を促進させる養分で、根肥ともよばれる。不足すると葉の中心は暗緑色、先端や縁は黄色っぽくなる。

第3章　ふだんの手入れ

微量要素

葉緑素をつくり出したり、代謝をよくしたりするために微量でも必要不可欠な養分です。たりなくなると、葉色がうすくなったり、生長が抑制されたりといった症状がおこります。

肥料の表示

肥料の袋には左の写真の5-5-5のように記載されていますが、これは肥料の三要素であるチッ素、リン酸、カリの順に配合した比率を表示したものです。

チッ素5：リン酸5：カリ5の配合でつくられた肥料。これは、100g中にチッ素、リン酸、カリが5gずつ入っていることを示している。

肥料の量

一つの養分を過剰に与えると、葉がしおれるなどの症状をおこす肥やけや、つるばかりが伸びて花が咲かないつるボケなどをおこします。

また、植物が求める量よりも少ない場合は日々の水やりで養分が流れ出し、不足して葉が黄色っぽくなります。肥料袋の説明を読んで適量の施肥(せひ)を行いましょう。

肥料不足になると、葉が黄色っぽく変化したり、花が小さくなったりする。反対に肥料を施しすぎると肥やけをおこして、植物の生長が損なわれる。カボチャなどはつるだけが旺盛に繁茂して（つるボケ）果実がつかないことがある。

肥料の効き方

肥料の種類や大きさでも植物に与える効き方や期間がちがいます。すぐに補給しなければならない場合は、液体肥料や液体肥料をうすめた活力剤を与えます。ゆっくりと効かせたいときは固形のものを与えましょう。

固形肥料

液体活力剤

次々と咲き続ける草花など、肥料分が不足して葉の色が悪くなってきたときは、液体肥料を与えたり、固形肥料を鉢土の上に置き肥として施す。

【肥料の種類と特徴】

肥料にはさまざまな種類がありますが、大別すると有機質肥料と化学肥料（無機質肥料）に分かれます。さらに形状やつくられ方、効き方によっても細かく分かれますが、それぞれの特徴をよく理解して目的にあった使用を心がけましょう。

油かす
植物のタネから油を搾り取った残りかすでつくられた有機質肥料。土中で発酵するので根に直接当たらないよう与える。チッ素分の多い有機質肥料。遅効性。「発酵油かす」（速効性）も出回る。

草木灰（そうもくばい）
草木をいぶして炭化させたカリウムと石灰分をふくむ有機質肥料。水溶性のカリウムが多く速効性がある。強いアルカリ性なので、与えすぎによる土壌のアルカリ化に注意。

化成肥料
化学的に合成した肥料。写真のタイプは、水に溶けやすく速効性のため追肥に向く。持続効果は短い。水に溶けにくい成分でできている遅効性の化成肥料もある。

配合肥料
有機質肥料の油かすや骨粉、鶏ふんなどを2種類以上混合してつくられている。バランスのとれた肥料成分比率にして、作物に適するよう使いやすくした肥料。

骨粉（こっぷん）
牛などの動物の骨を主体にし、蒸して粉砕した有機質肥料で、粒状にしたものもある。リン酸肥料でチッ素やカリ分は少ない。遅効性でゆるやかな効き方をする。

液体肥料
水溶性の化成肥料。液体をそのまま与えるものや、希釈（うすめ）して与えるもの、水に溶かして使う粉末もある。濃度をかえれば、あらゆる植物の用途にあわせて与えられる。

活力剤
長期間栽培している鉢植えで不足しがちな微量要素をおぎなうために、「活力剤」などの名前で土にさすアンプルタイプや、液体を希釈するタイプなどが多く出回る。

魚粉（ぎょふん）
魚を乾燥させて粉末にした有機質肥料。飼料としてもつかわれる。チッ素、次いでリン酸分が多い肥料だが、カリ分は含まれていない。ゆっくりと肥効があらわれるので、元肥につかうとよい。

鶏ふん
鶏のふんを乾燥させた肥料。チッ素とリン酸、カリ分をふくむバランスのよい有機質肥料で元肥につかうとよい。水分をふくむと発酵がはじまり、においが出る。

第3章　ふだんの手入れ

元肥の施し方

植物を元気よく育てるには、適量の元肥を与えることが肝心です。植物は植えつけられて根が伸びはじめると肥料を吸収しはじめるので、鉢土や花壇の土にあらかじめ与えておきましょう。

草花や野菜の苗、花木や果樹の苗木を植えつけたり、タネまきのときなどに前もって施す肥料を元肥といいます。庭木や花木、果樹などが休眠している冬に施す寒肥も元肥のひとつです。

元肥の量

元肥として肥料を与える場合、与えすぎ防止のため、目的にあったラベル記載の量を守りましょう。記載がない場合の目安は、鉢植えで用土1ℓ当たり緩効性肥料（チッ素10：リン酸10：カリ10）が3〜5gほどとなります。庭や花壇の場合は、緩効性肥料（チッ素10：リン酸10：カリ10）が1㎡当たり50〜100gが目安となります。

培養土は、あらかじめ元肥が入っているものが多いので表示に注意して購入し、元肥が入っていなければ用土に混ぜ込みます。鉢土や花壇の土全体に元肥を混ぜ込む方法と、鉢底付近や苗木を植える穴の底に局部的に埋め込む方法がありますが、肥料の3要素がバランスよくとれて、効果が長続きするものを選びましょう。

【鉢やプランター植えでの施し方】

1 赤玉土7、腐葉土3の混合用土1ℓ当たり3〜5gの緩効性肥料を入れる。

2 ムラにならないよう用土と肥料を均一に混ぜる。

3 鉢に2を入れて、苗を植えつける。

【花壇や菜園植えでの施し方】

1 深さ、幅ともに30cmの植え穴を掘り、掘り上げた土に堆肥1〜2ℓと緩効性肥料10〜15gを施す。

2 掘り上げた土と肥料をよく混ぜて、植え穴の底に戻す。

追肥の施し方

植物が育つにつれて、元肥は次第に消失していきます。肥料分が不足してきた植物には、元気に生長を続けてもらうために追肥を施します。最低限度の肥料分で細く長く与えるのが上手な施肥の方法です

鉢植えの元肥は1か月くらいでなくなってしまいます。また、庭や花壇の元肥は鉢植えにくらべて消失が遅くはありますが、大雨が降ると大量に流れ出てしまう可能性があります。このように、不足していく肥料分を補うために、かならず追肥を与えましょう。

【緩効性固形肥料の施し方】

大粒やスティック、錠剤型タイプは置き肥に適している。株元からできるだけ離れた鉢の縁に置き、2～3か月後に新しい肥料と取り替える。

固形肥料

▲株元からできるだけ離してまく。効果はおよそ1か月弱ほどつづくが、施すとすぐに効くので、土の量が少ない鉢花などでは肥料焼けを起こすこともあるので注意する。

【速効性化成肥料の施し方】

▼葉から養分を吸収させるもので、一時的な肥料切れに効果がある。葉の表面の汚れを取り、午前中に散布するのがよい。

葉面散布剤

【液体肥料の施し方】

施肥後すぐに効果があらわれますが、あまり長続きはしません。粉末や希釈タイプのものなどがあります。

1 ラベルの記載通りに液体肥料の原液を希釈し、よくかき混ぜる。

2 7～10日おきに、水やりがわりに与える。

第3章　ふだんの手入れ

【庭での追肥の施し方】

草花などは、定植して1か月ほどたってから、1〜2か月に1回、株の周囲に追肥を施します。低濃度の化成肥料にはぱらぱらとまいて、土に混ぜ込む必要のないものもあるので、いろいろな植物が混植している花壇などには手間がかからず便利です。

1　株の周囲に、化成肥料をまく。

2　移植ごてなどで軽く中耕しながら、土に肥料を混ぜ込む。

【花垣、生け垣への施し方】

樹木の根が伸びている辺りに肥料を施すと、効果的です。樹木の周囲に穴や溝を掘って肥料の3要素がバランスよく混合された肥料を与えますが、穴が掘れないときは肥料をまいておくだけでも効果はあります。

2　溝の肥料が隠れるように土を埋め戻す。

1　生垣の根元から20cmほど離れたところに溝を掘り、1m²あたり50gほどの緩効性化成肥料を均一にまく。

【お礼肥(れいごえ)の施し方】

果実を収穫した後や花を楽しんだ後に施す肥料をお礼肥といいます。これも追肥の一種です。樹や株の疲れを回復させるために、普通は効き目の早い化成肥料を施します。

宿根アスターは、花が終わり葉が枯れはじめたら株元から切り戻し、緩効性化成肥料を与えて翌年に備える。

支柱立て

定植後の苗木は株元がとても不安定で、風などで株全体がぐらぐらと動き、根が傷み、根つきが悪くなる場合があるので、支柱を立てて支える必要があります。また、つる植物のように仕立てたい姿になるように、枝を導く場合にも支柱をつかいます。

【ダリアの支柱立て】

草丈が高くなるので支柱を立てるが、発芽してからでは土中の球根を傷つける恐れがあるので、植えつけ時に支柱を立てる。

【添え木支柱】

苗木の植えつけ後、倒れたり傾いて育たないように支柱をしっかり立てる。数箇所結束すると安定するので、1年くらいは立てておき生長したら取りのぞく。

【庭木・花木や果樹の支柱立て】

大きく育った庭木や、果実をたくさん実らせた果樹は、自力で枝を支えきれない場合があり、支柱が必要になります。

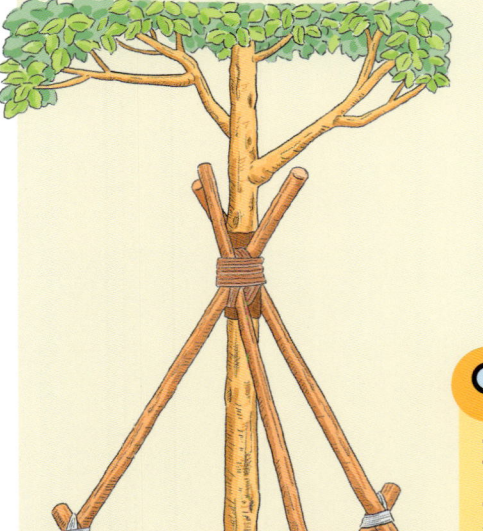

3本支柱

3方から3本の支柱で支える方法で、幹が太い樹木に向く。支柱はできるだけ同じ角度で立て、幹や枝、交差した支柱同士を固定する。

1本支柱

斜めに1本の支柱で支える方法。2か所以上固定すると安定する。支柱が倒れないように、くいで基部を固定する。

ワンポイントアドバイス

幹を傷めない工夫

木と支柱の間には、杉皮などをはさんで幹や枝に傷がつかないようにする。

第3章　ふだんの手入れ

【いろいろな支柱】

鉢植え用の小型の支柱にはたくさんの種類があり、利用すると簡便に支柱立てが行えます。

ラン用の特殊な支柱
蕾が小さなうちに支柱を立て、先端のU字部分に花茎を引っかけて固定し、大きな花を支える。

ひもにからませる
写真では、上の支柱から下の支柱にひもを縦にわたしてつないでいる。ひもには、キュウリのつるをからませている。

あんどん支柱
日本で古くから使われている型の支柱。ワイヤーを輪状にして3〜4段に重ね、エンドウのつるをからませている。

オベリスク
オベリスクとはタワー型の支柱のことで、草丈の低い植物の中心に立て、つる性の植物をからませると高低差が出て庭のアクセントになる。

リング支柱
あんどん支柱のリングを1段だけにしたもの。葉が倒れるのを防止できる利点がある。

ヘゴ仕立て
ヘゴとは、木生シダの茎を乾燥させたものを棒や板状にしたもの。このヘゴを支柱として利用した栽培方法がヘゴ仕立て。

ラティスフェンス
ラティスフェンスとは、格子状に組んだ面という意味のこと。スイートピーのつるをからませている。

摘芯と芽かき

摘芯と芽かきは正反対の作業です。摘芯は、頂芽を取りのぞき、わき芽を伸ばします。芽かきは、逆にわき芽を取りのぞいて頂芽の生長を促します。

【芽かき(例：トマト)】

不要なわき芽を摘み取ると、主枝に大きな花や実がつきます。大輪のキクやダリア、バラを咲かせるとき、トマトの栽培などで行います。

1 茎と枝の間から伸びてくるわき芽を摘む。

2 わき芽を摘んだ状態。残した枝に大きなトマトが実る。

【摘芯(例:宿根バーベナ)】

盛んに生長する頂芽を放置しておくと、種類によっては枝分かれせず花つきの少なくなる植物もあるので、重要な作業です。

1 わき芽が少ないので摘芯をして花数をふやしたい。

2 頂芽(先端部分を切る)をハサミで切る。

3 枝数が増えて、多数の花が咲くようになった。

72

第3章　ふだんの手入れ

中耕

中耕は、栽培中に固まってきた土を軽く耕して、水分や空気をふくんだ状態にする作業。耕すときに雑草の根を切ることになるので除草にもなり、畑では1〜2か月に1回は行いたい作業です。

【鉢植えの中耕】
鉢植えは水やりが欠かせません。水やりのたびに鉢土の表面の土が固くなり、水の通りが悪くなります。3〜4か月に1回行うと植物も健康に育ちます。

3 土がやわらかくなったら、置き肥を施す。

2 割り箸などで深さ1〜2cm突きながら表土をやわらかく耕す。

1 雑草が生えているときは、雑草を抜き取る。

【花壇の中耕】
花壇も雨などで土の表面が固くなり水や空気が通りにくくなります。3か月に1回ほど行うと、枯れ葉なども取りのぞくことができ病害虫の早期発見もできます。

2 移植ごてなどで3cmほどの深さに耕す。緩効性化成肥料を混ぜ込むと効果的。

1 花壇でも、土をふかふかさせて通気性をよくするためには中耕は大事な作業。

> 🔍 **ワンポイントアドバイス**
>
> ### 中耕で植物を健全に育てる
>
> 宿根草、1年草、低木などが混植している花壇では、手入れもおろそかになりがちだが、3か月に1回ほど株元を軽く耕すと、細根が切れて新しい根が発生して植物がすくすく育ちます。同時に肥料を混ぜ込めばさらに効果的。

【庭木・果樹・生け垣の中耕】
植えっぱなしにする庭木や果樹、生け垣でも1年に2回程度は中耕を行いましょう。肥料やりをかねて株元や周辺を耕すと、根詰まりによる枝枯れも防ぎます。

3 肥料と土とよく混ぜ合わせて、埋め戻す。

2 緩効性化成肥料を全体に均一に施す。

1 根を切らないように注意して、樹木の根の周囲をねじりガマなどで浅く掘る。

摘蕾と摘果

花木や鉢花では全部の花を咲かせると小さな花ばかり咲く結果になります。また、すべての花を結実させると貧弱な果実しかつきません。花も果実も半分から3分の1程度まで減らすのが大きな花、大きな果実をつけるポイントです。

【花木の摘蕾（例：ツバキ）】

残した蕾に十分なエネルギーが行きわたり、大きな花を咲かせます。

1 大きな花を咲かせるために摘蕾を行う。

2 小さな蕾を摘み取り、枝先の大きな蕾を残す。

3 1本の枝先に蕾が1つ残るように摘蕾を行って終了。

4 見応えのある大きな花が咲いた状態。

【鉢花の摘蕾（例：シャコバサボテン）】

適度に蕾を間引いて、大きくふっくらした花芽を残します。

1 シャコバサボテンの蕾が枝先に3個ついている。

2 蕾を摘んで1個にし、大きな花を咲かせる。

74

第3章　ふだんの手入れ

【摘果②（例：リンゴ'アルプス乙女'）】

実った果実をすべて完熟させると小さな果実ばかりになり、味も落ちるので早めに数を減らして大きく、おいしい果実をならせます。

1 たわわに果実がなったリンゴ'アルプス乙女'。

2 小さな果実をハサミで切り取っていく。

3 残ったリンゴに栄養が行きわたり、味のよい果実ができる。

【摘果①（例：トマト）】

結実まもない果実を摘み取って、十分なエネルギーを残した果実に集中させます。

1 未熟果を摘み取って、残した果実に栄養を集中させる。

2 形の悪い未熟果を摘んだ状態。残した果実は大きなトマトになる。

【花がら摘み（例：プリムラ・マラコイデス）】

プリムラ・マラコイデスは花がら摘みを行わないと1か月ほどで咲き終わりますが、作業を行うと開花期間を3〜4か月くらいのばせます。

花がら摘み

咲き終わった花がらを摘み取る作業を花がら摘みといいます。花がら摘みを行うと、植物はタネを結ぶエネルギーを使わずにすむので、株の老化を防ぎます。また、早めに行うと、生育適温下では2番花を咲かせることも期待できます。

1 花盛りがすぎ、花弁が変色しはじめている。

2 しおれた小花をこまめにハサミで切り取る。

3 3〜4段目の花房が咲き終わったら花茎を基部で切る。

4 一回り大きな鉢に植え替えて肥料を与え、新しい根を育てる。

5 新たに花茎が伸びて、2番花を楽しめる。開花後は**1〜3**の作業を再び行う。

6 3月下旬に庭の半日陰に植えつけると、4月下旬まで花期がのびる。

76

第3章　ふだんの手入れ

【種類別花がら摘みの例】
種類によって花がらの摘み方がちがう場合があります。
種類にあわせてこまめに作業を行いましょう。

パンジー、ビオラ　花茎の基部で摘み取る。

ツツジ（常緑性）　花が終わった直後に高さをそろえて刈り込む。

シクラメン　花茎をひねって、元から抜き取る。

ファレノプシス　2番花を楽しむために上部から2〜3節で切るとよい。

ワンポイントアドバイス
株が小さいときの方法

2番花をあきらめて花茎のつけ根で切ると、株自体は充実する。

バラ　5枚葉を1枚つけて切り取る（→P91）。

Column
花を長く楽しむためのコツ

　花弁に雨がかかると病気になったり、花弁が腐ったりする種類があります。開花中はできるだけ雨に当てないように場所を移しましょう。また、枯れ葉や花がらをこまめに取りのぞき、手入れをしっかりと行うと長もちします。

切り戻し

花が終わった後に切り詰めて再び花を楽しんだり、栽培期間の長い宿根草などは茎を切って草丈を抑えて花を咲かせたり、寒さに弱い植物は、切り詰めて室内に取り込みやすくするなど、切り戻しをすると植物もよく育ちます。

【切り戻しのコツ】

ただバッサリと切りつめるのではなく、切り戻しには注意点やコツがあります。

1 トルコギキョウ

新芽が伸びだしている株は古い枝をつけ根から切る。

肥料を与えて新芽を生長させると2番花が楽しめる。

2 ペチュニア

花後は全体的に枝葉が伸び放題で姿が乱れている。

枝の基部を2〜3節残して刈り込む。肥料を与えると秋に再び開花する。

3 マーガレット

初夏になり花が終わった株。枝の長さにばらつきがある。

1/3の草丈まで切り詰めて肥料を与え、半日陰の涼しい場所で夏越しをさせる。

エキザカム

1 一通り花が咲き終わり、切り戻しをする状態。

2 花を咲かせなかった枝も含め、全体を切り詰める。

3 切り戻すと、蒸れを防ぎ風通しもよくなる。

ダリア

1 花後、枝が分かれた部分から2〜3節残して切り詰める。

2 肥料を施すとわき芽が伸び、秋に見事な2番花が楽しめる。

Column
切り戻しが不要な植物

枝を伸ばせば伸ばすほど、花つきがよくなる植物があります。このような植物は切り戻しは不要です。

- シバザクラ
- マツバギク
- パンジー
- ビオラ

ランの手入れ

ラン科の植物は野生種で2〜3万種、人工種で約6万種もあるといわれています。とくに洋ランは人工的な交雑により数多くの品種がつくりだされています。栽培するにあたって重要な作業である植え替えなどの方法を紹介しましょう。

【植え替え（例：デンファレ）】

鉢が小さくなって根詰まりをおこしたり、植え込み材料が傷んだりしたら、春に植え替えを行います。

1 花が終わった寄せ植え。一鉢に一株となるよう植え替える。

2 古い水ゴケを取りのぞき、傷んだ根や腐った根をハサミで切る。

3 根の整理が終わった状態。

4 根の間に湿らせた水ゴケを入れ、根の周りにも巻きつける。

5 素焼き鉢の底に水はけをよくする発泡スチロールのかけらを入れる。

6 鉢に植え、名前を書いたラベルをさして終了。

【植え替え（例：シンビジウム）】

寒さに強く丈夫で庭植えでも栽培が可能なシンビジウム。植え替えは定期的に行い根詰まりを防ぎましょう。

1 3〜4月が摘期。無理にポリポットから抜こうとせず、ハサミで切って根鉢を取り出す。

2 一回りか二回り大きい鉢に、軽石と発酵バークを混ぜた用土で植えつける。

3 隙間なく用土が入るように割りばしで軽く突つく。根を傷めないように注意して行う。

80

第3章　ふだんの手入れ

【二重シースの処理（例：カトレア）】

カトレアなどのラン科植物で、蕾を包んで保護する薄い莢をシースとよびます。このシースが二重になって蕾が外に出られないことがあります。早めに対処しましょう。

1 日にすかすとシースが二重になって出ているのがわかる。このままでは蕾が伸びない。

2 外側のシースの先端を、殺菌したハサミで切り取る。

3 開いた部分から中のシースが出てきて生長し、花を咲かせる。

【花茎の矯正（例：カトレア）】

大きな花を咲かせるカトレアは花茎をそのままにしておくと株元で折れる可能性があり危険です。

1 新芽がやや斜めに伸びて、株が不安定で倒れやすい。

2 花のついたバルブの根元に支柱を立て、花茎が重みで折れないように支柱にビニタイで結ぶ。

野菜の手入れ

毎日とはいかなくても、手間をかけたらかけただけ野菜も応えてくれます。特別な作業も大切ですが、地道な作業を積み重ねることも大事です。収穫の喜びに向けて、日頃の手入れに力を入れましょう。

【整枝(例:ナス)】
よい果実を数多く収穫するために、枝数を整理する作業です。

1 実つきをよくするためや、風通しをよくするために、わき芽を折り取る。

2 上から数えて2本の太い枝を残し、下部の枝を切り取る。3本残すこともある。

3 それぞれの枝に添わせるように支柱を立て、交差する部分をひもで結んで固定する。枝と支柱もひもで結ぶ。

【追肥・中耕(例:ピーマン)】
追肥とともに、株間の土をやわらかく耕す中耕を行うと、排水や施肥の吸収を助けます。

1 1番目の実がなりはじめたら、化成肥料を与える。

2 株のわきの土を肥料を混ぜ込みつつ軽く耕し、株の近くに寄せる。

【ピーマンの収穫】
花が終わると、次々と果実がなりはじめます。赤くなってもおいしいので、収穫適期が長いのも魅力です。

1 白い星のような愛らしいピーマンの花。

2 一番果。なりはじめた株に再度、追肥と中耕を行うと効果的。

3 開花から20〜30日が収穫適期になる。

第3章　ふだんの手入れ

【秋ナスを実らせる剪定(せんてい)】
夏の収穫が終わって、さらに秋ナスを収穫するためには、夏の間に剪定を行って株を若返らせることが大切です。

1 枝葉を広げ大きく生長した株。

2 すべての枝を3分の1〜2分の1の長さを残して切る。

3 株全体がコンパクトになったので株の疲れが少なくなり、9月から秋ナスが収穫できる。

【誘引・摘芯(ゆういん・てきしん)(例:キュウリ)】
つる性の野菜には、植えつける際に支柱を立てたり、ネットを張ったりしてつるがからまるように、誘引や摘芯の作業を忘れずに行うことが大切です。

1 つるがひもにからまったところ。花は果実になって重くなるので、茎が伸びるたびにひもで誘引する。

2 株の高さが2m以上になったら株の頂部にある芽をハサミで切る。栄養が下部の枝葉や実に行き渡る。

【キュウリの収穫】
果実の表面にとげがあるうちに、傷つけないよう注意しながらハサミで切って収穫をしましょう。

1 キュウリの一番花が咲きはじめた。

2 幼果。果実が実り、大きく生長しはじめる。

3 採り頃の果実。収穫の適期をのがすと、タネに栄養をうばわれ味が落ちる。

【誘引・追肥（例：トマト）】

成熟するにしたがって果実が重くなるので、支柱に茎を固定して重さに耐えられるようにしましょう。

1 果実は生長するにつれ重くなっていく。茎と支柱を、ひもで8の字を書くようにゆったりとしばって補強する。

🔍 **ワンポイントアドバイス**

ゆとりをもたせる

茎が太ることを考慮してひもを結ばないと、茎にひもがくいこみ生長を阻害するので注意する。

2 均等に化成肥料をまき、軽く土を耕しながら肥料を混ぜ込み、株のわきに土を寄せる。

【スイスチャードの収穫】

株ごと収穫してもよいが、外葉から必要な分だけ収穫して長く楽しむのもよいでしょう。

1 草丈が約20cmになったら、株ごとの収穫ができる。

2 20cm以上生長したら、今度は外葉の収穫適期。

3 1枚1枚順次収穫していく。味はやや大味になるものの大きなままつかえて便利。

4 葉が大きくなれば再度収穫できるので長期間楽しめる。

第3章　ふだんの手入れ

【間引き・追肥・土寄せ(例:ダイコン)】

苗と苗が重なりあわないように間引きを行います。土寄せは、苗の倒伏や雑草の繁茂を防ぎます。

1 双葉が出た頃に、元気のない苗や、葉の形の悪い芽を間引く。

2 株元に土寄せをして軽く押さえ、グラグラとしないようにする。

3 双葉の中から本葉が1～2枚出た頃に再度、間引きを行う。

4 葉の色や形の悪い苗や元気のない苗を間引き、2と同様に土寄せを行う。

5 本葉が5～6枚出た頃に3回目の間引きを行う。

6 生育の遅れている苗や、虫害にあっている苗を間引き、土寄せを行う。

7 4回目の間引きで1か所2本の苗にする。化成肥料を株のわきに均等にまく。

8 株周辺の土を軽くほぐし、株元の両わきに寄せる。

庭木の剪定

【不要枝の剪定】

樹木は放任すると不要枝を伸ばして樹形を乱します。限られたスペースで育てる庭木は整枝、剪定を行って美しい樹形を維持しましょう。

◀ 樹形を乱す立ち枝などのよくない枝を剪定する。

庭木を放ったらかしにしていると枝葉が茂り、風通しや採光が悪くなり病害虫が発生する原因になります。また、樹勢も弱ります。剪定は樹形を整えるだけでなく、見た目も悪くなり、病害虫を防止し、新芽の発生を促進するなど生長の助けとなる大事な作業です。

ワンポイントアドバイス

台芽はすべて欠き取る

接ぎ木した台木から伸びる芽で、放任すると接いだ上部が枯れてくる恐れがあるので、小さいうちに欠き取っておく。

▲ 接ぎ木の台木から出ている芽は、小さいうちにすべて欠きとる。

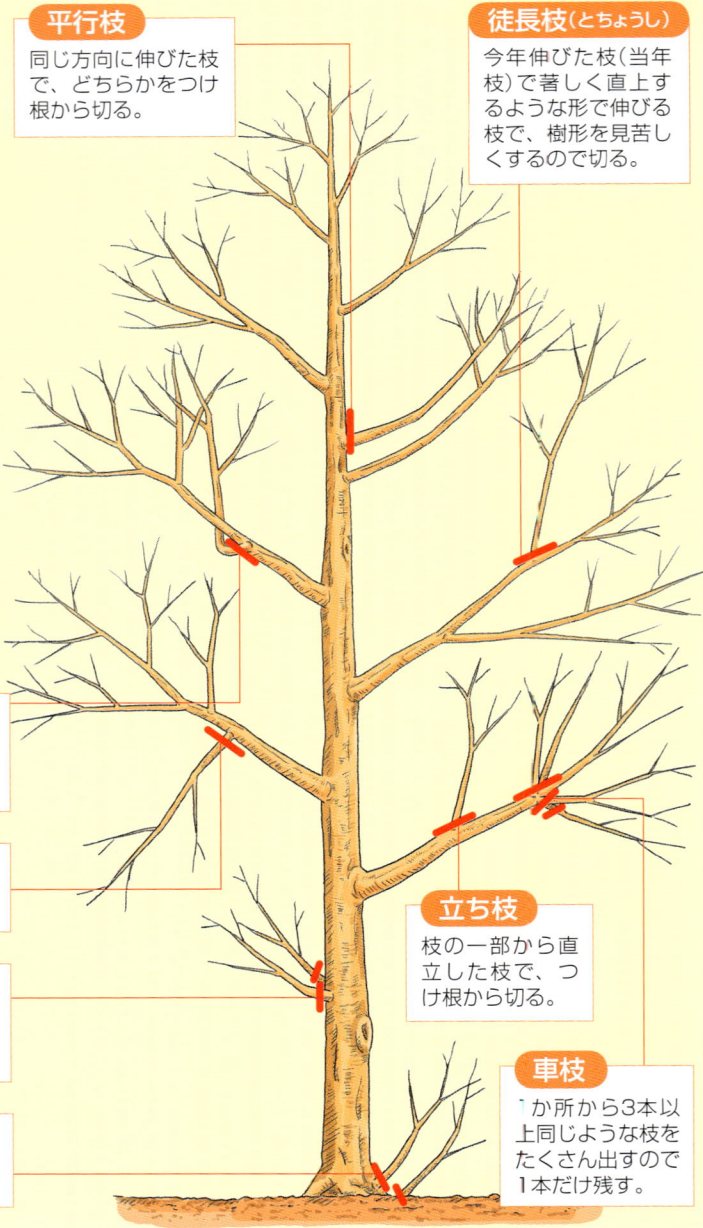

平行枝
同じ方向に伸びた枝で、どちらかをつけ根から切る。

徒長枝（とちょうし）
今年伸びた枝（当年枝）で著しく直上するような形で伸びる枝で、樹形を見苦しくするので切る。

からみ枝（交差枝）
ほかの枝にからみつくように伸びる枝で、樹形を乱すのでつけ根から切る。

下がり枝
下向きに伸びる枝で、つけ根から切る。

胴吹き枝
幹の途中から発生する多くの細かい枝で、必要がなければ切る。

ひこばえ（ヤゴ）
根元近くから伸びる細かい枝で、地中の生え際から切る。

立ち枝
枝の一部から直立した枝で、つけ根から切る。

車枝
1か所から3本以上同じような枝をたくさん出すので1本だけ残す。

第3章　ふだんの手入れ

【枝の切り方と処置】

剪定をするものには樹木の生長をはばむもの、美観をそこなうものの2種類があります。こうした枝は忌み枝ともよばれ、放置しておかずに早めに剪定します。

細い枝を切るポイント

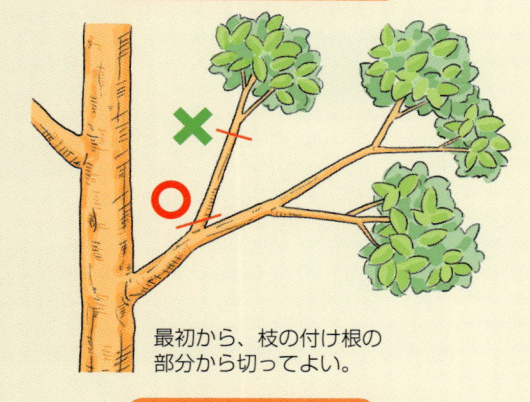

最初から、枝の付け根の部分から切ってよい。

太い枝を切るポイント

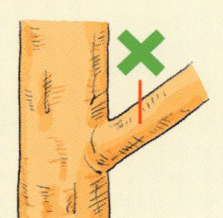

枝の重みで幹が裂けることがある

太い枝を切るときに、一度に切ろうとするとその枝の重さで切り口のところから裂けるように折れることがある。手間がかかるようだが、3段階に分けて切るとそうした失敗が防げる（→P88）。

切り口の処理方法

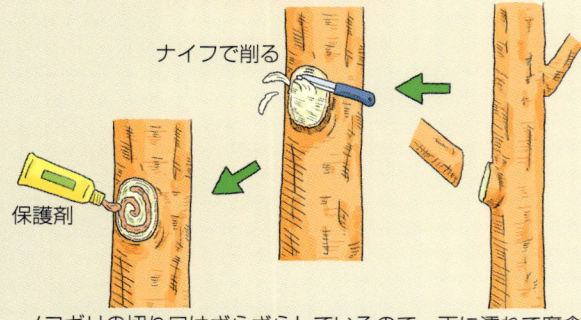

ナイフで削る

保護剤

ノコギリの切り口はざらざらしているので、雨に濡れて腐食し病気の発生源になりかねない。そこで、よく切れるナイフなどで切り口を削り、保護剤を塗っておく。

中太の枝を切るポイント

初めに、付け根から先の部分を切り、次に付け根の部分から切り落とす。

【内芽と外芽】

幹側に出ている芽を内芽、外側に出ている芽を外芽といい、切る位置によって新しく伸びる枝の方向が変わります。外芽を伸ばすように切ると風通しや採光がよくなります。

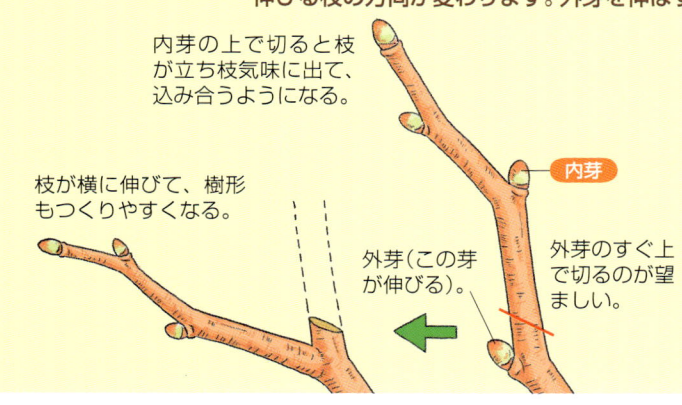

内芽の上で切ると枝が立ち枝気味に出て、込み合うようになる。

枝が横に伸びて、樹形もつくりやすくなる。

内芽

外芽（この芽が伸びる）。

外芽のすぐ上で切るのが望ましい。

内芽

外芽

▲芽をつけた枝先。

【太い枝の切り方】

ハサミでは切れない太い枝はノコギリで切ります。一度に切り落とすと重みで枝が裂け、幹を傷つけることがあります。3段階に分けて切ると自然に枝が落ちます。切り口には忘れずに保護剤を塗っておきます。

1 まず、枝の下側を半分くらい切る。

2 次に、少し離れたところを逆に上から切る。

1度目の切り口

3 枝が落ちたところの切り口。

4 残った部分を、きれいに切り戻す。

5 切り口に保護剤を塗る。

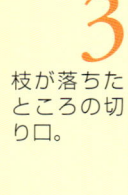

失敗例 一度に切り落として、幹を傷つけた失敗例。

第3章　ふだんの手入れ

花や実をつける花木の剪定

確実に花や実をつける剪定を行うには、蕾のもとになる花芽ができる時期（花芽分化の時期）を知ることが大事です。花芽のつく時期、つく位置を知ったうえで剪定すれば花芽を切り落としてしまう失敗もありません。

花芽のつき方、6つのタイプ

芽の先端が花芽になるもの、わき芽が花芽になるもの、芽の先端もわき芽も花芽になるものなど、樹種によって花芽のつき方はさまざまですが、花芽と葉芽は最初から異なるものではなく、同じ芽が花芽になったり葉芽になったりします。剪定が遅れると伸びた枝が充実できず、花芽に変わることができませんから適期に剪定しましょう。

花芽ができてから剪定しては、花芽を切り落とす恐れがありますが、ウメやハナミズキなど多くの春咲きの花木は、花後すぐに剪定するとあまり失敗がありません。秋から冬にかけての剪定は、花芽に注意し、目で見て判断できる樹種は花芽を残しながら剪定します。

タイプ 1　新梢の葉腋につく

今年伸びた枝の葉腋に花芽がつきます。短枝につき、多くは長く伸びた枝にはつかず、翌年に開花するタイプです。落葉樹は落葉期、常緑樹は花の直後が剪定の適期。基部から切らない限り、枝のどの位置で切っても残した枝に花が咲きます。

ウメ

ウメ、モモ、フジ、エリカ、オウバイ、カラタネオガタマ、トサミズキ、ニワウメ、ハナズオウ、マンサク、トキワマンサク、レンギョウなど

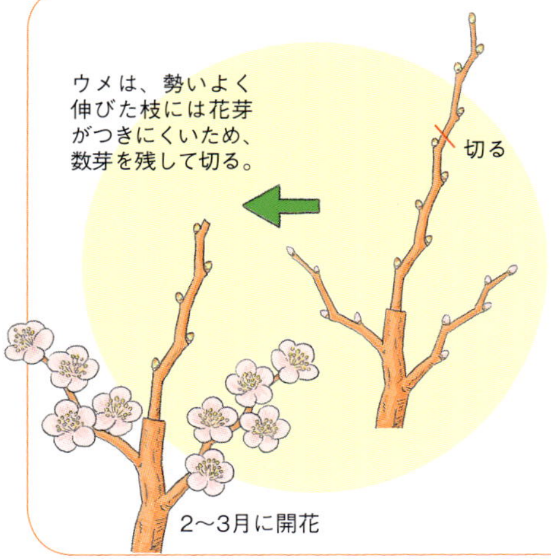

ウメは、勢いよく伸びた枝には花芽がつきにくいため、数芽を残して切る。

×切る

2～3月に開花

タイプ 2　元気のよい新梢の頂部につく

今年伸びた元気のよい枝の頂部に花芽ができ、翌年に開花します。ライラックのように長い枝の頂部に花芽ができるものと、ツバキやモクレンのように短枝の頂部に花芽ができるものがあります。花芽ができてから枝先を切ると翌年花が見られません。開花後早めに切り詰めて、元気のよい新梢を出させるようにします。

ツバキ

モクレン、コブシ、ツバキ、サザンカ、ライラック、シャクナゲ、クチナシ、ジンチョウゲ、ツツジ、ドウダンツツジ、ハナミズキ、キョウチクトウ（1番花）、サンシュユなど

ツツジは、花芽ができてから枝先を剪定すると翌年は花が見られないため、花後に剪定する。

枝先に花芽ができる

タイプ ③ 今年の枝の頂部1から3芽につく

今年伸びた枝の先やその下のわき芽が花芽こなり、翌年この花芽から新梢を伸ばして、その先端に開花します。多くは、夏〜秋にかけて花芽ができるので、冬に剪定すると翌年花が見られません。花後すぐに剪定します。

ボタン、アジサイ、トチノキ、センリョウ、ハゴロモジャスミン、ザクロ、ツゲなど

アジサイは、花後に新梢を切り詰めれば、その下の芽が花芽になるので、好きな高さに切り戻せる。

花芽
切る
葉芽

アジサイ

タイプ ④ 新梢の短枝の頂部につく

今年伸びた短枝のわき芽に花芽がつくもの、あるいはごく短いずんぐりした枝に花芽ができ、翌年、この芽が葉を2〜3枚出して花を咲かせます。先端の長く伸びた枝には花芽がつかないので、休眠期の冬に長く伸びた枝を切りますが、スグリやユキヤナギ、ヤマブキなどは、長く伸びる枝でも花芽をつけるので、これらはあまり強く切り戻さないようにします。

カイドウは、ごく短い枝に2〜3個固まるようにして花芽がつく。花芽がつかない長く伸びた枝は冬に安心して切れる。

切る
短枝に花芽ができる
花芽

ハナカイドウ

オオデマリ、ハナカイドウ、ユキヤナギ、ヤマブキ、スグリ、サクラ、ボケ、マンリョウ、ピラカンサ、ナツツバキ、ヒメシャラなど

第3章　ふだんの手入れ

タイプ 5　今年の枝の頂部につく

今年伸びた充実した枝の先とその下の1～2芽が花芽になり、翌年ここから伸びた新梢のわき芽に開花、結実します。落葉期に、元気のよい枝を残して徒長枝や細い枝、弱い枝を元から切ります。

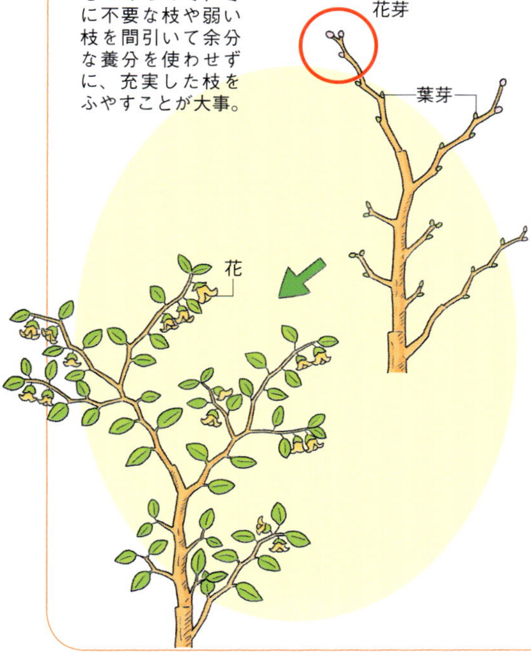

充実した枝先に花をつけるので、冬に不要な枝や弱い枝を間引いて余分な養分を使わせずに、充実した枝をふやすことが大事です。

花芽
葉芽
花

ガマズミ

クリ

カキ、クリ、ガマズミ、ニシキギ、マユミ など

タイプ 6　元気のよい枝の先につく

充実した枝から伸びる新梢に花芽をつけるタイプで、特に花芽をもたず、どの部分から伸びた枝でも充実した元気な新梢なら先端や葉腋に花芽をつけ年内に開花します。春に芽吹く前ならどこで切っても花が咲きますが、新梢は花が咲くまで切らないようにします。

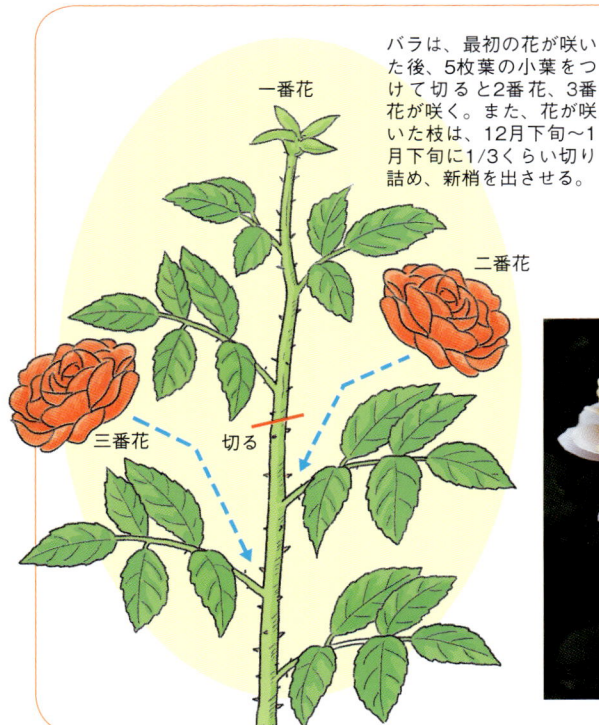

バラは、最初の花が咲いた後、5枚葉の小葉をつけて切ると2番花、3番花が咲く。また、花が咲いた枝は、12月下旬～1月下旬に1/3くらい切り詰め、新梢を出させる。

一番花
二番花
三番花
切る

バラ

バラ、ノウゼンカズラ、アベリア、ムクゲ、ハギ、サルスベリ、ハイビスカス、フヨウ、ブーゲンビレア、コムラサキ、クレマチス、ツキヌキニンドウなど

果樹の剪定

家庭で育てる果樹は、コンパクトな樹形を保ちながらおいしい果実が収穫できるように剪定しなければなりません。そのためには花木同様、花芽のつき方を知ることが大事です。どの枝に花（果実）がつくかという「結果習性」は、果樹の種類によって一定していて、いくつかのタイプに分けられます。

果樹にはこのほかにひとつの芽の中に花と枝葉が一緒に入っている混合花芽があります。花芽のつき方は大きく分けて3つのタイプに分かれます。これらの結果習性を知ったうえで剪定します。

いろいろな結果習性

一般に剪定は休眠期に行います。常緑果樹のみかん類は寒さのやわらぐ3月頃から、ビワは9月頃、落葉果樹は落葉期間中の冬です。冬は、枝の込み具合がよくわかるうえに、冬になるころには花芽と葉芽の区別がはっきりしてきます。丸みを帯びて大きく、ふっくらしているのが花芽、小さくて先がとがっているのは葉芽です。

タイプ 1　前年に伸びた枝に花芽ができて実がなる

前年に伸びた長い枝や短い枝に、花芽と葉芽が独立してつくウメやモモに代表されるグループで、冬の剪定時に花芽と葉芽の区別がつくので花芽を落とす心配はありません。

果実は前年の枝につきますが、どの部分につくかによって次の3つのタイプに分けられます。

- Ⓐ ビワのように枝の先端につくもの。
- Ⓑ ブルーベリーのように、新梢の枝の先端やその下の数芽の葉のわき芽につくもの。
- Ⓒ サクランボ、ウメ、スモモのように葉のわき芽につくもの。

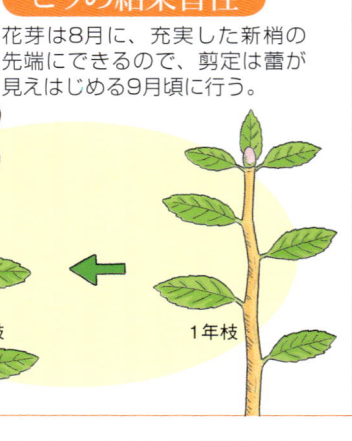

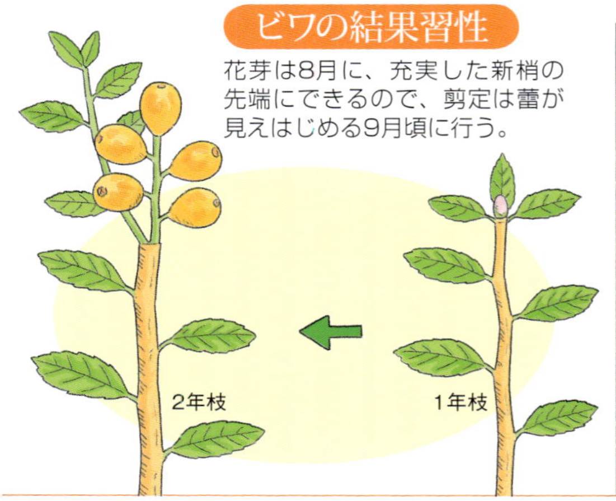

ビワの結果習性

花芽は8月に、充実した新梢の先端にできるので、剪定は蕾が見えはじめる9月頃に行う。

2年枝　　1年枝

タイプ 2　新梢の先端に花芽ができて実がなる

前年の枝に混合花芽ができ、そこから新梢が伸びて結実する果樹で、混合花芽と葉芽の見分けがつきにくいため、剪定に難しいところがあります。

カキやクリ、ミカン類などは、元気よく伸びた新梢の先に混合花芽ができるため、冬に元気のよい枝の先端を切ると実がつきません。

92

第3章　ふだんの手入れ

サクランボの結果習性

1年目に伸びた新梢の基部のわき芽に花芽ができ、翌年に開花結実する。2年目には葉のわき芽が少し伸びて花芽ができる。この短い枝をたくさんつけることが大事。

ブルーベリーの結果習性

剪定は12〜1月に行うが、果実のつく短い枝を多くつけることが大事。

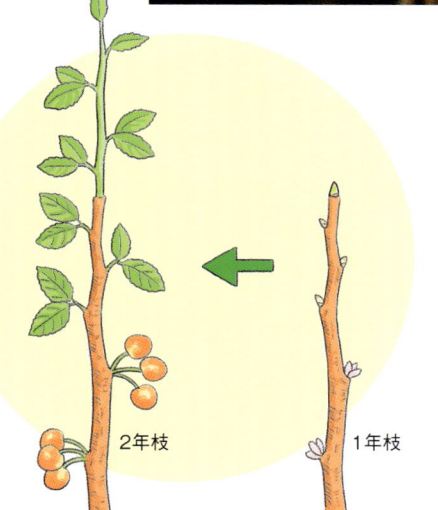

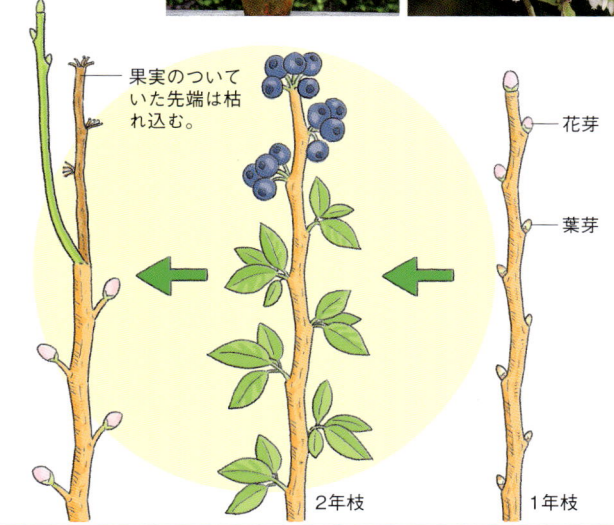

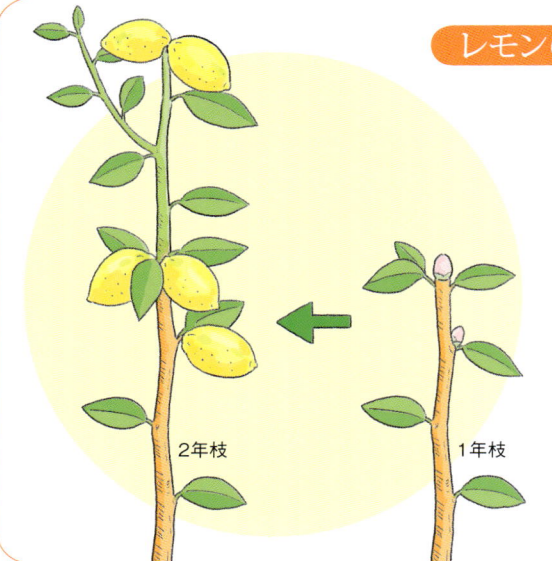

果実のついていた先端は枯れ込む。

花芽
葉芽

2年枝　1年枝

2年枝　1年枝

レモンの結果習性

春、夏、秋の3回、枝が伸びるが花芽は前年の春枝、夏枝につく。また、前年に実がなった枝から出る新梢には花芽がつかない。

2年枝　1年枝

93

タイプ ③ 2年目の枝に混合花芽ができて実がなる

1年目に伸びた新梢には葉芽だけがつき、花芽はつきません。2年目に、先端の葉芽が長く伸び、枝元に近い葉芽が短い枝になります。この短い枝の先端に混合花芽ができ、3年目に開花結実します。ナシやリンゴなどがこのグループで、充実した短い枝に実をつけるので、ウメやサクランボと同じように、基部に短枝をつくるように剪定します。

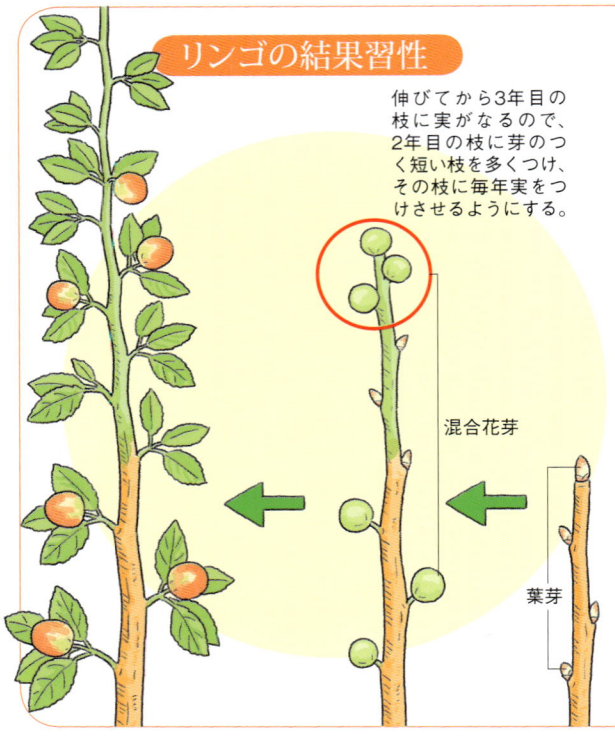

リンゴの結果習性

伸びてから3年目の枝に実がなるので、2年目の枝に芽のつく短い枝を多くつけ、その枝に毎年実をつけさせるようにする。

混合花芽

葉芽

リンゴ

Column
隔年結果って何？

庭に多く植えられて放任されているカキは、果実が多くなる「表年」と、果実が少ないか、ほとんどつかない「裏年」があります。

このように表年と裏年が1年おきに続く現象を隔年結果とよんでいます。どんな果樹にも放任しておけばおこる現象ですが、果樹の種類によっては一般的な管理を行っていてもとくに隔年結果がおこりやすい果樹があります。開花期から果実の成熟期までが長く、秋遅くなってから成熟するカンキツ類やカキなどが代表種です。

この現象の起こる原因は、多く花が咲いて、果実が数多くなると、果樹に蓄えられていた養分が多く消費され、翌年の花芽がつかないことにつきます。一方、果実がつかないと養分が消耗せず、枝に貯蔵される養分が多くなり、翌年の花芽が多くつき、翌年の果実は多くなり、いわゆる表年になるわけです。

毎年、平均して美味しい果実を収穫するための対策としては摘蕾と摘果を十分に行い、木の貯蔵養分を必要以上に消費させないことが第一です。1本の木の場合、実をつけさせない枝をつくることも有効で、1本の木のなかで、枝ごとに隔年結果をさせ、バランスをとるわけです。

第3章　ふだんの手入れ

水生植物の手入れ

水辺や水中などのさまざまな水域で生きる植物のグループを水生植物（水草）とよびます。水生植物は種類によって自生している水域が異なるため、どんな環境で育つのか事前によく調べてから苗を購入しましょう。

【熱帯スイレンの冬越し】

熱帯性のスイレンは戸外での冬越しは難しいので、12月頃になって茎葉が枯れたら玄関などの温度変化が少ない場所に取り込みます。

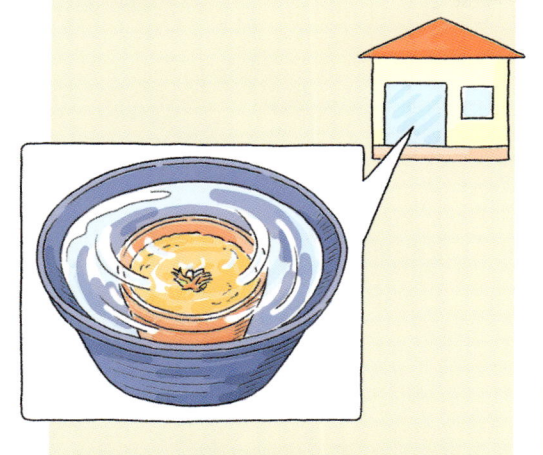

水温5〜15℃の範囲の屋内に鉢に水を張ったまま置く。日光は当たらなくてもよい。

【水の入れ替え方法】

水生植物は、夏の水温に注意しなければなりません。とくに小さな鉢で栽培しているときは、水温の上昇とともに、水も蒸発します。水鉢に寄せ植えしているときも、水鉢に鉢植えを沈めているときも、定期的に水を入れ替えましょう。

水の入れ替え方

水を流し込んで古い水をあふれさせ、1/3くらいずつ水を替えていく。

【サギソウを育てるポイント】

日本に自生するランの仲間の野草です。水が好きなので、水を切らさないように育てます。乾きすぎるようなら、鉢の受け皿に水を張り腰水栽培をします。

球根の消毒

水ゴケ植えのときは、毎年発芽前の2月中旬〜3月中旬に植え替える。鉢から子球を取り出したら、消毒液につけてウイルス病を防ぐ。

◀1000倍に薄めたベンレート水和剤につける。

花がら摘み

ウイルス病を防ぐために、ハサミを使用せず、手で花がらを摘み取る。

◀花がらはこまめに手で摘み取る。

湿度を保つ

鉢土にコケを張ると湿度を保って乾きにくくする。

【水生植物の寄せ植え】

クレイボール（発泡煉石）と珪酸塩白土があれば、抽水植物や湿地生植物はかんたんに栽培ができます。サギソウとシマフトイを寄せ植えにすると涼しげな鉢に仕立てられます。

材料
1. シマフトイ
2. サギソウ
3. 平鉢（底穴のないもの）
4. 珪酸塩白土
5. 発泡煉石（クレイボール）
6. 石

1 鉢に発泡煉石（クレイボール）を、苗の高さを考えて入れていく。

2 根腐れを防ぐ珪酸塩白土を発泡煉石の表面に適量まく。

3 苗の根についている土を落とし、鉢に仮置きして配置を考える。

4 苗を置いて発泡煉石で隙間なく植えつけ、軽く押さえる。

5 飾りの石を配置。ただし、苗の根鉢の上に重い石を置かないよう気をつける。

6 枯れた枝やバランスの悪い枝などをハサミで切り取る。

7 容器の内壁についている土の汚れを洗い流すように、ゆっくりと水を与える。

8 水やりは発泡煉石が乾いてから与え、底穴がないので与えすぎに注意する。

第3章　ふだんの手入れ

【熱帯スイレンの植えつけ】

最近は、初夏に熱帯スイレンの苗や開花株が出回るようになり、身近で楽しめるようになりました。温帯スイレンにくらべて花つきもよく、5号鉢でも十分に観賞できる花が咲きます。長時間日が当たる場所で育てるのが理想ですが、半日ほど日が当たれば花は見られますからベランダなどでも栽培できます。冬に葉が枯れたら室内に取り込みます。

3 植えつける鉢に、練った用土を入れながら苗が入る窪みをつくる。

2 赤玉土をつぶすようにして、団子状になるまでよく練る。

1 赤玉土の細粒に少しずつ水を加える。

6 スイレン用の肥料を、鉢の縁にしっかりと埋め込む。

5 植えつけは生長点の芽が埋まらないように注意し、練った用土を隙間なく詰めるのがコツ。

4 根鉢を崩さないように苗を取り出して、そのまま植えつける。

7 ラベルをつけて、スイレン鉢に沈める。

9 直射日光の当たる場所に置くと、夏から秋遅くまで次々と開花する。花がらは株元から摘み取り、水が減ってきたら株元が露出しないように足す。

8 水の深さを生長点から10～15cmくらいにすると管理しやすい。

芝生の手入れ

芝生を美しく保つには手入れが必要です。作業は大変ですが、手入れが終わったら、そのすがすがしい美しさに驚かれることでしょう。

刈り込みの摘期

シバの生育期間中に月2～3回は刈り込みます。暖地性のシバの場合は5～10月に行い、生育が旺盛な7～8月には月に1回は刈り込むようにします。

目指す芝生の高さは3～4cmで、密生させることが目標です。あまり低く刈り込むとシバが弱り、また地面に光が差し込むので雑草が生えやすくなるため高さを守ることが重要です。

芝生への水やり

水を与えなくても、シバが枯れるようなことはほとんどありません。ただし、盛夏に日照りでシバが元気がなくしおれてきた場合は、水やりを行います。水やりによってシバはぐんと生育がよくなり、踏みつけにも強くなります。ジョウロのハス口のようなハンドノズルをホースにつけ、シャワーのようにたっぷりと水を与えましょう。

草取り

シバを張った後は、シバが十分に繁茂するまでの期間が最も雑草が侵入しやすい時期です。この間はできるだけこまめに除草を心がけましょう。その後はやや高めに刈り込みを行うなど、雑草が侵入しにくい環境をつくりあげ、管理します。ただし、手作業で抜ききれない場合や、根絶の難しい雑草が生えた場合は、除草剤を利用するのが美しい芝生を保つ早道です。

芝生への施肥

芝生への肥料は、化成肥料（N－P－K＝10－10－10程度）を生育期間中、2か月に1回程度与えます。暖地性のシバの場合は4月、6月、8月に1㎡当たり40～50g（大きくひと握り）程度を芝生の上から均一にばらまきます。

西洋シバの場合は暖地性のシバと異なり、春と秋に最もよく生長するので、盛夏には一時、生長を休みます。したがって、施肥もその生長にあわせて3～6月、9～12月にかけて行います。

更新作業

刈り込みを行った後、クマデで地面に残った刈りかす（サッチ）をかき出し、ローンスパイクなどで固くなった土壌に穴をあけて土をほぐし（エアレーション）、赤土から市販の専用の目土をふりかけて芝生の若返りをはかる更新作業を行います。この作業を2～3シーズンに1回行うと、芝生の状態がよくなります。

【芝生のメンテナンス用道具】
芝生を美しく保つには日々のメンテナンスが大事。刈り込み、穴あけなど用具をつかって行います。

トンボ
目土を全体に広げるときに使う。

シバ刈り機
刈り込む高さ（仮り高）が調整できるのがおすすめ。

ローンスパイク
穴を開けて土の中に空気を入れ、芝生をリフレッシュさせる道具。

第3章　ふだんの手入れ

【芝生の更新作業】 芝生の若返り作業を更新作業といい、2～3シーズンに1回行うと芝生の状態がよくなります。

メンテナンスをきちんと行っている青々とした芝生は、何種類もの植物が開花している風景に見劣りしません。

広い場所では電動のシバ刈り機をつかうのが便利。

エッジの処理をきちんとした芝生は、草花や低木を引き立てます。

目土(めど)入れ シバの間に細かい土を入れ、シバの葉が埋まりすぎないようにトンボをつかって均一に広げる。

施肥 生育期間中、状態を見ながら1m²当たり一握りほどのシバ専用の肥料を均一に施す。

【エッジ処理】 芝生の境目(エッジ)もメンテナンスのポイント。エッジの処理を行わないと芝生が美しく見えません。

1 玉石の周りに侵入して見苦しい芝生。

2 カーブに沿って5〜10cm離して、刃物や草刈鎌でシバをていねいに切っていく。

3 エッジ処理がされ、玉石との境目がすっきりした。

手で刈る シバ刈り機がつかえない場所は、専用の芝生バサミで刈り込む。ハサミを芝生面に水平に当て、高さをそろえて少しずつ刈る。

シバが十分に繁茂するまでの間が最も雑草がはえやすい時期。シバを傷めないよう注意しながら、こまめに鎌などで雑草を切り取る。

第4章
植え替えと繁殖

宿根草の植え替えと株分け

鉢植えされた宿根草は、鉢のなかの限られたスペースで生長しています。放任しておくと根詰まり状態や土の老朽化などがおこるので、植え替えや株分けといった作業が必要になります。

【植え替えの目安】

植え替えは2年に1回は行いたいものです。
しかし、下記のような症状が出ていたらできるだけ早く適期に植え替えることが必要です。

茎節が赤味を帯びる
シャコバサボテンは、根腐れをおこすと茎節が赤みを帯びてしおれぎみになる。

鉢から根が出る
底穴から根が伸び出している。

気根が出る
根が傷んで、鉢土から吸水できず水分を求めて気根を出す。

株がいっぱいになる
株がいっぱいになって、新芽の育つ場所がない。

葉が黄変する
夏の高温多湿で根が弱り、葉が黄色くなった。

樹形が乱れる
茎が長く伸びて下葉が落ち、樹形が乱れている。

水がしみ込まない
根詰まりや用土の単粒化が原因で、底穴から水がすぐに流れ出ない。

第4章　植え替えと繁殖

【植え替えと株分け（例：ユウゼンギク）】

生育旺盛なユウゼンギクなど宿根アスターの鉢植えは、1年に1回、植え替えと株分けをします。

材料 
❶ユウゼンギク　❷鉢
❸ゴロ土　❹培養土

2 割り箸などで土を3分の1ほど落とし、手で割るように株を分ける。

1 鉢底や側面をたたいて根鉢を抜く。びっしりと根が回っている。

5 底穴から流れ出るまでたっぷりと水を与える。

4 株分けをした苗を植えつけ、表面を軽く手で押さえる。

3 新しい鉢に底が見えなくなる程度にゴロ土を入れ、培養土を少し入れる。

🔍 ワンポイントアドバイス

大きくしたくない植え替え

一般には一回り大きな鉢に植え替えるが、ゼラニウムなどあまり大きくしたくないときは、根鉢を半分ほど落とし、根と地上部を切り詰めて同じ大きさの鉢に植え替える。

▶今までと同じサイズの鉢に新しい用土で植えつけ、たっぷり水をやる。

▶根鉢を崩し、長く伸びた根を切り詰め、茎や枝も切り詰める。

【地下茎の細い植物の植え替えと株分け（例：プリムラ・ポリアンサ）】

プリムラ・ポリアンサなど根が細いタイプの植物は、根が乾燥しないように風の当たらない曇天の日に手早く作業を終えることが大事です。

材料
① 夏を越したプリムラ・ポリアンサ　② 鉢　③ 鉢底網　④ 培養土　⑤ ハサミ

2 枯れ葉を取りのぞき、1〜数芽ずつ、株がはなれているところをハサミで切り分ける。

1 鉢から出した状態。びっしりと根が回っている。根鉢を軽くたたいて古い土をはらい落とす。

ワンポイントアドバイス
根がからまっている場合の株分け

根がかたく巻いているときは、無理に根をほどこうとはせず、ナイフでケーキを切り分けるように根鉢を切って植えつける。

芽を確かめて切り分け、根が乾かないうちに植えつける。

4 新しい鉢に鉢底網を敷いて培養土を少し入れ、切り分けた苗の根を広げて置く。

3 花後は小さく分けてもよいが、秋の株分けは小さく分けすぎない。

6 底穴から流れ出すまで、たっぷりと水を与える。

5 培養土をたして、手で軽く表面を押さえる。

104

第4章　植え替えと繁殖

【地下茎の太い植物の株分け（例：ジャーマンアイリス）】

ジャーマンアイリスなどの地下茎の太い植物は乾燥に強いので、作業が比較的かんたんに行えます。

2　長い葉は葉先を1/3〜1/2ほど切り詰める。

1　掘り上げたジャーマンアイリスの根茎。

4　根茎の表面が少し見える程度に浅く植えつけ、土を軽く押さえる。

3　葉を切った分、長い根を切り詰めて地上部とバランスをとる。

根茎

ワンポイントアドバイス

古い根茎も利用が可能

通常、処分する芽のついていない古い根茎も、株をふやすときには利用するとよい。

土に浅く埋めておくと、やがて小さな芽が出る。

5　植えつけてすぐには水をやらず、2〜3日後に根茎にかからないようにして水を与える。

タネの採り方と保存法

園芸店で購入したタネをまいて育てるのも楽しいものですが、すでに育てている植物からタネを採って育てるのも園芸の楽しさのひとつです。

採種しても無駄なタネ

色や形など、さまざまな形質が世代を重ねても固定している株同士を交配することで均一な性質の株が得られます。親株にくらべ生育速度や耐病性、収穫量などの点ですぐれた特長があり、これを「雑種強勢」といいます。

ただし、一代交配種から採種（タネをとること）したタネをまくと次の世代では形質がばらばらに分離し、均一性が失われてしまうので、採種しても無駄です。タネ袋をよく読んで一代交配種でないことを確認した植物のタネを採種しましょう。

Column　タネの寿命

乾燥させたタネを乾燥剤を入れた紙袋に入れ、さらに茶筒などに収納して冷蔵庫の野菜室などに保管しておきます。こうすればたいていのタネは約2～3年はもちます。ただし、カルセオラリアやトレニアは1年程度しかもたないので注意しましょう。そして、ホウセンカやキンセンカは4～5年の保存が可能です。

【大きなタネの採種（例：ヒマワリ）】

株の全部が枯れてきたら採種のサイン。花茎ごと切って採種します。

1　タネがよく熟して全体が枯れてきたら、花茎ごと切り取る。

2　風通しのよい軒下などに1週間から10日ほど吊るして、よく乾燥させる。

3　棒や手でタネをかき出す。

【小さなタネの採種（例：オルレアン）】

小さなタネなので注意して取り出しましょう。

1　花が枯れたら、花茎を基部から切り取る。

2　タネがこぼれないように紙袋に入れ、日陰で5～7日ほど乾燥させる。

3　種類ごとに分け、名札をつけておく。

【はじけるタネの採種（例：ホウセンカ）】

さわった力ではじけることがあるので注意します。

1　よく熟した実は自然にはじけてタネを飛ばしてしまう。

2　実に割れ目ができるほどになったら、実だけを紙袋に集めておく。

3　紙袋の中ではじけたタネを名前を書いたビニール袋に入れる。

第4章　植え替えと繁殖

【果肉があるタネの採種（例：マンリョウ）】

ふるいなどにこすりつけて果肉を取りのぞきます。ふるいがなければ、水か砂の中でもんでタネを取り出します。

2 果肉には発芽抑制物質がふくまれているので、ふるいにこすりつけて取り除き、タネを取り出す。

4 明るい日陰に置いて管理するか、鉢ごと土中に埋めて発芽を待つ。

3 鉢に砂を入れて湿らせ、タネが重ならないようにまく。

1 熟すと鳥に食べられてしまう種類は色づきはじめたら、できるだけ早くよく熟した実を採る。

【タネの保存と保管法】

採種したら適切な管理をして、適期にまけるよう準備しておきます。タネは低温下で乾燥状態にして保存すると長持ちするので、採種したタネのほか、まき残したタネも上手に保存しましょう。

タネは軒下などの、風通しのよい日陰でよく乾燥させる。

空き缶で保存する
植物の名前や採種日を記したラベルを貼ったビンやジッパー付きのビニール袋にタネを入れ、乾燥剤を入れた空き缶に納めて密封しておく。

冷蔵庫で保管する
冷蔵庫の野菜室は、温度が低く乾燥しているので、タネの保存には最も適している。

🔍 ワンポイントアドバイス

急いで乾燥させる方法
急いで乾燥させたいときや天候が悪い場合は、乾燥剤（シリカゲル）を入れたビンの中で乾燥させる。

球根のふやし方

分球といって、生長した球根を掘り上げると、球根の数がふえていたり、子球がついていたりします。その機会をいかして、ふえた球根を分けて適期に植えてみましょう。

【分球の方法①(例:スイセン)】

庭植えのスイセンは植えっぱなしでも大丈夫ですが、分球しすぎて込み合う場合は球根を掘り上げて分割し、秋まで乾燥貯蔵します。

1 込み合って花つきが悪くなったら、葉が黄変してから球根を掘り上げる

2 球根の子球が大きく育ち、手でかんたんに親球と分けられるようなら切り離し、小さな子球は無理に切り離さない。

3 分割した球根。乾燥貯蔵して秋に植えつける。

【分球の方法②(例:グラジオラス)】

葉が黄色くなってきた10月頃球根を掘り上げて保管し、3〜4月に植えつけます。

1 スコップなどで、球根を傷めないように注意しながら掘り上げる。

2 さっと土を落とし、軒下に吊るすか新聞紙などの上に置き、日陰でよく乾燥させる。

3 木子とよばれる微少な球根ができているので、1つずつはずす。

4 新球と木子はネットに入れて軒下に吊るすか、物置きなどで凍らないように春まで保管する。

【分球の方法③(例:ユリ)】

2〜3年に1回、地上部が枯れたら球根を掘り上げます。

1 掘り上げた球根は、茎を取りのぞいて子球をはずす。

2 乾燥に弱いため、軽く湿らせたバーミキュライトに埋めて冷暗所に保存する。

1 掘り上げた球根の鱗片を1つずつはがし、バーミキュライトなどにさす。

2 1つの鱗片に2球前後の子球ができて数枚の葉が出る。

ワンポイントアドバイス
木子を植えつけてふやす

地下部にできる木子をプランターに植えつけると、2〜3年ほどで開花する。

オニユリなどは地上部にできるむかごも同じように利用できる。

第4章　植え替えと繁殖

【分球の方法④（例：ダリア）】
10月下旬～11月中旬に保管し、4月に植えつけます。芽をつけて切り分けることが重要です。

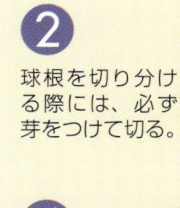

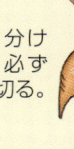

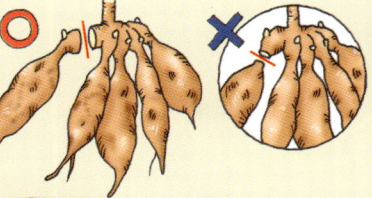

2 球根を切り分ける際には、必ず芽をつけて切る。

1 ダリアの球根。

4 芽を出して植えつける。

3 切り分けた球根。

10月下旬～11月中旬に掘り上げると、古い茎の根元に5～10球の塊根がついている。分球して植えつける春までオガクズなどに貯蔵しておく。

【分球の方法⑤（例：アマリリス）】
5月か10月に植え替え、分球が行えます。

2 子球についた新しい根を傷めないように、ていねいに手ではずす。

1 親球に子球がついている。

3 鉢に1球ずつ球根の肩を出して植えつける。

Column
球根の太らせ方

球根をふやし翌年も開花させたい場合は、花を花首で切り取り、葉が枯れるまで育て、十分に光合成をさせて養分を球根に蓄えさせることが重要です。また、花茎も枯れるまで残しておきましょう。

さし芽・さし木

植物の一部を切り取って、さし床にさし、芽や根を出させて新しい株を得る方法です。家庭で手軽にできる繁殖方法の一つです。

【さし芽・さし木のいろいろ】

草本植物の場合にさし芽、木本植物の場合にさし木といいますが、どちらも作業は同じ。広義としては根ざしや葉ざし、さし芽もさし木の一種です。

葉ざし
セントポーリアやグロキシニアなどは、葉をさしただけで発根し、苗が得られます。葉ざしの方法には1枚の葉を切らずに使う全葉ざしと、切り分けてさす片葉ざしがあります。

片葉／全葉／発根

さし芽
ダイアンサス、ナデシコなどはわき芽を切り取ってさす。

茎ざし（管ざし）
枝の途中の2節をつかい、用土に埋まる部分の葉は取りのぞいてさす。

密閉ざし
アジサイやハギなどの発根しにくい植物の場合は、さし床をビニールフィルムで覆って保温を高めて発根を促す。

天芽ざし
枝の先端部分をつかってさす。用土に埋まる部分の葉は取りのぞいてさす。

110

第4章　植え替えと繁殖

【さし床の準備】

用土は通気性、保水性のよい未使用の清潔なものを使用します。肥料分をふくんでいないことも条件の一つ。腐葉土などは不適です。

1 コンテナの底が見えなくなるくらいにゴロ土を敷く。

2 バーミキュライトか赤玉土を鉢に入れる。

赤土

3 たっぷりと水をかけて湿らせておく。

4 さし床の完成。

【さし穂の準備】

上手に発根させるために、さし穂の調整をします。

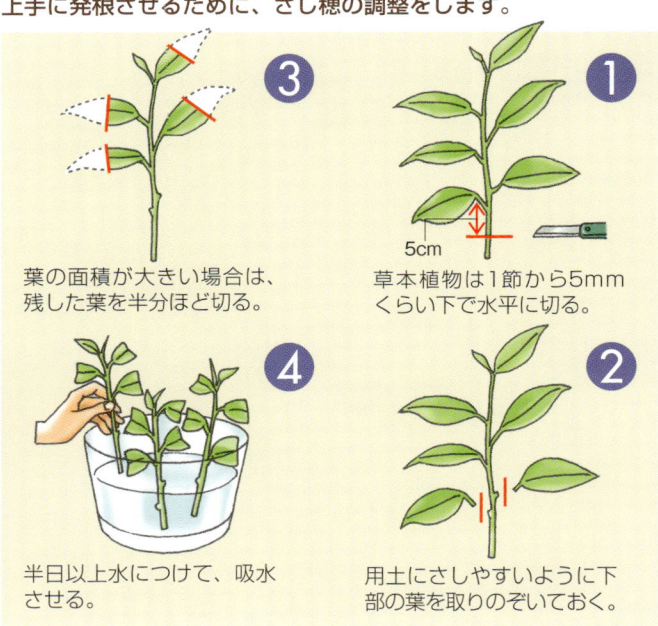

1 草本植物は1節から5mmくらい下で水平に切る。

5cm

2 用土にさしやすいように下部の葉を取りのぞいておく。

3 葉の面積が大きい場合は、残した葉を半分ほど切る。

4 半日以上水につけて、吸水させる。

【さし床にさす】

さし穂の下1/3ほどを用土にさしますが、割り箸などで用土にさし穴をあけると、切り口がつぶれません。さし穂は、葉と葉が触れ合わない程度の間隔をとります。

1 湿らせたさし床に割り箸で穴をあけ、葉と葉が触れ合わない間隔でさし穂をさす。

2 さし終わったらたっぷり水をやる。

111

【茎ざし(管ざし)の方法】

草姿の乱れたゼラニウムを切り戻したときの葉茎も利用できます。

1 よいさし穂を用意する。

2 枝の途中の2節を使う。

3 さす前に花や下部の葉を切り取る。

4 切った葉のあたりまでさし床に埋める。

【密閉ざしの方法】

ビニール袋で覆うので高い湿度が保て、葉がしおれるのを防ぎ、発根率を高めます。

1 さし穂はよい枝を選び、花や蕾を落として切り口が斜めになるように切る。葉は2〜3枚残して下部の葉を切り取る。

2 さし床に割り箸で穴をあけ、さし穂をさす。

3 コンテナに針金や竹ひごをわたし、ビニールフィルムをかぶせてひもでしばる。腰水で水を与える。

【葉ざしの方法】

葉脈からも根や芽が出るレックス・ベゴニアは、葉ざしでふやすのが一般的。

1 元気な葉を選び、葉柄をとり、太い葉脈が入るように葉を切り分ける。

2 浅鉢にバーミキュライトを入れて湿らせ、葉を1〜2cmの深さにさす。

3 明るい場所で管理すると、葉脈のところから芽が出る。葉が2〜3枚になったら鉢上げをする。

第4章　植え替えと繁殖

【さし木の鉢上げ】

さし木でつくった小苗はさし床から抜いて、1本1本を鉢やポットに植えなおす、鉢上げの作業を行います。ジンチョウゲをつかった鉢上げの手順です。

4 ポリポットに用土を入れて苗を置き、用土を足しながら植えつける。

1 さし木を少し上に引いてみても動かないようなら発根している。

5 軽く用土を押さえる。

2 発根を確かめて、さし床から根を傷めないようにていねいに苗を掘り上げる。

6 たっぷりと水を与える。

3 複数の根が4〜5cm伸びたころが鉢上げの目安。

【天芽ざしの方法】

先端の芽がついた部分をさし穂に使うので、コスモスなどは確実に発根します。

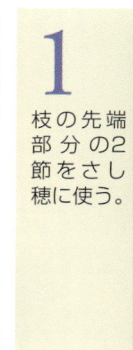

1 枝の先端部分の2節をさし穂に使う。

2 下部の葉を切り取る。

3 **2**で切った葉のあたりまでさし床に埋める。

とり木

幹や枝などから発根させて親木から切り離して育てるのがとり木です。親株の根から養分をもらいながら根を出すところが、親株と切り離して発根させるさし木とは異なる点です。大きな苗が失敗なく得られるのが利点です。

【高とり木（高とり法）】

ツバキをつかった高とり木。一般の樹木はこの方法を行います。常緑樹は4〜5月、落葉樹は6月頃が適期です。

1 とり木を行う部位を決め、ナイフなどで樹皮に切れ込みを入れ、表皮をぐるりとはがす。

2 水でよく湿らせた水ゴケ一握りを表皮をはいだところに巻きつける。

3 水ゴケを透明なビニールで包み、上と下をひもでしばって固定するが、上はややゆるめにして水ゴケが乾いたときに給水できるようにする。

4 2〜3か月後にはビニール越しに根が見えてくるので、十分に発根しているようならビニールをはずす。

5 根を傷めないようにていねいに水ゴケをはがし、親木から切り離す。

6 切り離した部分をコンテナに植えて、たっぷりと水を与える。

とり木のいろいろ

観葉植物のゴムノキやドラセナなどでおなじみの高とり木が一般的ですが、ゲッケイジュなど株立ちしやすい樹種で用いられる株立ちとり木、ユキヤナギのように根際から何本も枝を出す灌木状の樹種に向く伏せとり木などもあります。さし木では発根しにくいサンシュユやリキュウバイなどもこの方法で苗が得られます。

第4章　植え替えと繁殖

【伏せとり木（圧条法）】

地面の近くに伸びている枝を曲げ、土中に伏せてその部位から発根させる方法です。常緑樹は4〜5月、落葉樹は6月頃が適期です。

アジサイの伏せとり木

1 とり木をする枝を地面に伏せる。

2 根を出させる部分の葉を数枚取りのぞく。

3 U字に曲げた針金で枝を地面に固定し、枝が地上に出るのを防ぐ。

4 根を出させる部分に土をかけて埋める。

先とり法

ブラックベリーのように枝の先端部しか発根しない植物に行う方法で、枝先、または枝先5cmぐらいのところを地中に埋めて発根させる。発根したら植えつけ適期に掘り上げて、親木から切り離す。

撞木（しゅもく）とり法

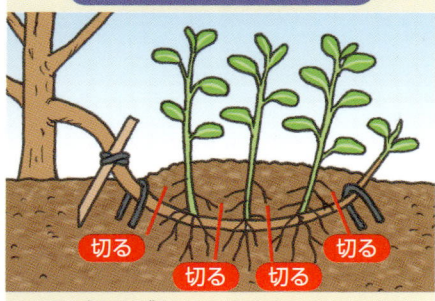

つるバラやブドウなどでいっぺんに多くの苗をつくるときに向いた方法で、先端を2〜3芽出して全体を地中に埋めて発根させる。発根後は適期に掘り上げて、古い枝をつけて切り離す。

【株立ちとり木（盛り土法）】

株の根元に土を盛って発根させる方法。ただ土を盛るだけでもよいですが、春の発芽前に株を地際近くで切り戻し、土を盛っておくと新しい枝が出てきます。ミツマタ、ボケ、モクレンなどで行えます。

1 春に親木を株元から切る。

2 新しい枝が多数出る。

3 翌年の春に、新梢の基部が埋まるように土を盛る。植えつけ適期に土を取り除いて、発根部の下で切り離す。

接ぎ木

接ぎ木は、さし木のように大量にはふやせませんが、さし木が困難な花木でもふやせる利点があります。また、ウメやカエデ、ボタンなど、果樹ではタネから育てた実生の木に親の品種の枝を接いで、親と同じ性質の実をならせたり、優秀な品種をふやしたいなどのときに行います。違う品種をならせたり、

【切り接ぎ（例：カキ）】

切り取った枝を接ぐ切り接ぎの方法は、果樹や花木で行われる代表的な接ぎ木で、カキやリンゴ、サザンカ、ツバキ、シャクナゲ、ライラック、カエデ、ボタンなどで行われます。適期は3～4月中旬。水分の蒸発を抑えて活着しやすいように、休眠中の枝を穂木として使います。

1 休眠中の1～2月上旬に穂木を採取し、乾燥しないようにビニール袋に入れて冷蔵庫に貯蔵しておく。

3 削った反対側も切り戻して、くさび形にする。

2 貯蔵しておいた穂木を1～2芽つけて調整し、よく切れる切り出しナイフで基部を3～4cm切り落とす。

【親木・穂木・台木】

接ぎ木は台木と穂木から成り立ち、根がついた接がれるほうを台木、接ぐほうを穂木、穂木をとる株を親木といいます。穂木と台木の合わせ方がポイントで、同じ種類や近縁の植物を選ぶとうまくいきます。

親木

穂木

台木

台木の多くはさし木をしてから、あるいはタネをまいて育てた1～3年生苗で、接ぐ部分がまっすぐなものがよい。

穂木は日当たりのよい場所にある、節間の詰まった若い枝を選ぶとよい。

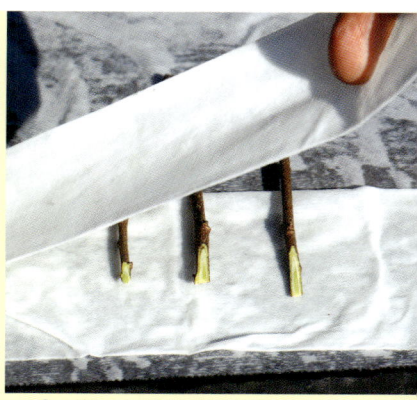

第4章 植え替えと繁殖

6 台木の切れ込みを入れる肩の部分を、斜めに少し削ると形成層が見やすくなる。

5 台木を切る。鉢植えは接ぎ木の部分が目立たないように地際部で接ぎ木をするとよいので、短めに切る。

4 削った基部が乾かないように、濡らしたキッチンペーパーなどで包んでおく。

8 形成層を合わせて、穂木を差し込む。

9 接ぎ木用テープを伸ばしながら台木の下から上にしっかり巻いて、穂木が動かないように固定する。

7 露出した形成層のやや内側をナイフで、2～3cm切り込みを入れる。

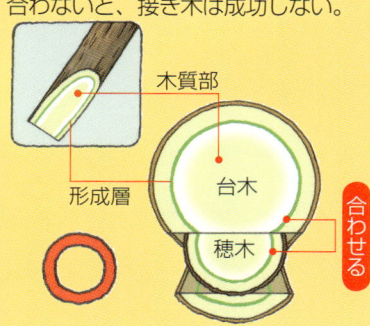

▼形成層が合わない失敗例

10 接ぎ木の上に園芸用つぎロウや癒合剤を塗って乾燥防止をする。

ワンポイントアドバイス

穂木と台木の形成層（けいせいそう）を合わせる

台木と穂木の形成層がぴったりと合わないと、接ぎ木は成功しない。

木質部
形成層
台木
穂木
合わせる

一方だけでも合っていればよい

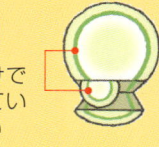

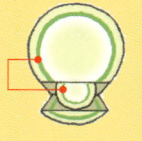

× 合っていない

117

ランナーから子株をとる

植物には、株の基部からひも状の茎や枝を伸ばして地を這い、その先端や節々に子株ができ、土につ いて根づくという性質をもつ種類があります。この茎や枝をランナー、もしくは走出枝といいます。

【子株とり①（例：イチゴ）】

イチゴの苗をランナーからとり、株数をふやしましょう。

1 収穫期を終えるとランナーを伸ばして子株をつける。

2 株元からかぞえて2番目以降の子株の下に、用土を入れたポリポットを置いて根づかせる。

3 9月頃、葉が3～4枚になったらランナーを切って1株ずつに分ける。

◎ ◎ ×
小株　ランナー　親株

【子株とり②（例：オリヅルラン）】

5～9月頃の植え替え時に株分けを行うが、ランナーからでも子株がとれます。

1 数本のランナーに子株がついている状態。

2 ランナーを2cmほどつけて子株を切り取る。

3 切り取った子株を鉢に植えつける。

4 植え終わったら十分に水やりする。

第4章　植え替えと繁殖

洋ランの高芽とり

【高芽とり（例：デンドロビウム）】

茎の途中から根が伸びてきたら、高芽とりのチャンスです。

4 3の状態のままで、鉢に苗を植えつける。

5 支柱を立てて苗が倒れないよう補強をする。

1 高芽の根が3cmほど伸びたら切り取る。

2 切り取った苗。

3 根の中と外側に水ゴケを巻きつける。

デンドロビウムなどにしばしば見られる現象で、本来花芽となるはずの芽が葉芽にかわって根が伸びてきます。この高芽を親株から切り離して植えつければ、新しい株になります。

🔍 ワンポイントアドバイス

茎ざしでふやす

根が十分に伸びていない高芽は、親株の茎を1～2節ずつ節のすぐ上で切り取り、水ゴケを巻いて植えてもふやすことができる。

多肉植物のふやし方

多肉植物も長く植え替えなかったりすると、根詰まりして根腐れをおこします。定期的な植え替えが必要ですが、その際に株分けをしておけばふやすこともできます。また、大きくなりすぎたもの、生育が悪くなったものをさし木をしてふやしておけば親株が枯れたときの予備にもなります。

株分けでふやす

エケベリアの仲間のように、生長につれて親株の周りに小さな子株が出てくる種類は、株分けでふやすのに向いています。種類によって株分けの時期が異なりますが、生長期の前に作業をするのがよいので、夏型種は春、冬型種は秋、春秋型種は早春か初秋に行います。

さし芽でふやす

さし芽には、茎ざしと葉ざしがあり、茎ざしのほうが早く育ちますが、葉ざしならたくさんの苗が得られます。ただし、黒法師(こくほうし)やアガベ属、アロエの仲間のように葉ざしができないものもあるので注意してください。

ふやした苗から寄せ植えをつくったり、単植してコレクションも楽しめます。

第4章 植え替えと繁殖

【寄せ植えの株分け】
寄せ植えにされて鉢いっぱいになった株は、用土が古くなると根腐れの原因になるので、適期に株分けをして生長を促します。

1 鉢いっぱいに育ったグラプトペタラム シュウレイ。

2 鉢から取り出し、株を2つに手で分け古い土を落とす。

3 鉢底網を入れる。

4 多肉植物用の培養土を入れて植えつける。

5 鉢の縁を持ち、底をとんとんと軽く打ちつけて土を落ち着かせる。

6 植えつけ完了。植えつけてすぐには水をやらず、4〜5日後から与える。

【茎ざし】

よく分枝するものや長く伸びるもの、下葉が落ちて株の乱れた木立タイプのセダムなどは、仕立て直しをかねて株もふやせます。

1 下葉が落ち、姿が乱れたセダム。

2 葉の付け根から5〜6mm下で茎を切り取り、さし穂をつくる。

3 4〜5日、明るい日陰で切り口を乾かす。

4 乾いた多肉質用培養土に、割り箸などで穴をあけながらさし穂が倒れない程度に浅くさす。

5 4〜5日は明るい日陰に置き、その後日当たりのよい場所で管理する。15〜20日で発根するので、発根を確かめて水やりする。

【葉ざし】

必ず葉の付け根から葉を取り外し、日陰で4〜5日乾かしてからさし床に並べておくと発根します。葉は充実した新鮮なものを使い、枯れたりしおれたりしたものは使えません。また、葉を茎から取り外すときに、途中でちぎれたりすると発芽、発根しないので、付け根の組織が株のほうに残らないように、そっとはずします。

葉の付け根がついた葉を、乾いた多肉質用培養土の上に並べるように置き、半日陰で管理する。2か月くらいで新しい芽が出るが、それまでは水を与えない。

🔍 ワンポイントアドバイス

さし穂の切り口を乾かす

多肉植物は、切り口から雑菌が侵入して腐りやすいため、さし穂の切り口を乾かすのがポイント。ただし、ユーフォルビア属は切り口から出る白い液が発根を阻害するので、乳液を洗い流してすぐに植える。

第5章

育てる前に知っておきたい基礎知識

鉢植え用の道具

まず、ガーデニングに必要な道具を最低限度そろえ、あとは必要に応じて足していくようにします。購入する際は、実際に持ったり、握ったりして自分の手になじむものを選びましょう。

土入れ
コンテナの植え替えなど、株回りのせまいスペースに土を入れるのに役立つ。

移植ごて
おもに苗の移植や、せまい面積を耕す作業につかう。手の延長としてつかう道具なので柄と金属部分の接続がしっかりとしたものを選ぶ。金属部分の広いものとせまいものがあり、用途にあわせて選ぶとよい。

ジョウロ
水を入れると重くなるので、軽い素材のものを選ぶとよい。先端のはす口が取りはずせると、込み合った株でもすき間から株元に水を与えられて便利。

鉢、プランター
素材も形もさまざまなものがあり、育てる植物の性質を考慮したうえで、気に入ったデザインのものを選ぶ。

木バサミ
直径1cmくらいの枝まで切ることができる。刃は長めのほうが、株の奥のほうの枝まで切れて作業がしやすい。

剪定バサミ
直径2～3cmほどの枝まで切ることができる。

ポリポット
土を入れて、苗を育てるためのタネまきや挿し木につかう。

鉢底網
コンテナやポリポットの底穴に敷き、害虫の侵入を防ぐ。

園芸用ふるい
土を細かさによってふるい分ける道具。市販されている多くは荒目、中目、細目の3枚がセットされている。

ラベル
育てる植物の名前や植えた日付けを書き、株の近くの土に差しておくと管理しやすい。

124

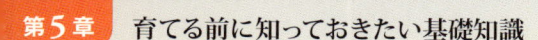

第5章　育てる前に知っておきたい基礎知識

庭植え用の道具

庭を耕してガーデニングをはじめるには、鉢植えを栽培するのとはちがった道具が必要になってきます。頑丈で自分の体に合った道具をつかうと作業がグンとらくになるので、慎重に選びましょう。

くわ
土を耕したり、野菜づくりでは畝をつくったりするのにつかう。柄と金属部分の接続がしっかりしているものを選ぶ。

スコップ
土を掘りおこしたり、穴を掘ったりするのにつかう。先端がとがっているものは「剣スコ」ともよばれる。

フォーク(レーキ)
腐葉土や堆肥をつくるときに、わらや落ち葉を積み重ねたり、移動させたりするときに便利。

長靴
水やりのときも泥はねが気にならず、ゴム製なら使用後に水洗いができる。かがんでも痛くないような軽量でやわらかいものがつかいやすい。丈が短いシューズは着脱がらくなのでベランダでも重宝する。

ホースリール
ホースを巻いてコンパクトに収納でき、移動もらくにできる。ホースの先端にはハンドノズルがついていて、やわらかい当たりの散水ができ、庭の水やりには重宝する。

刈り込みバサミ
植木や生け垣の刈り込みにつかう。柄や刃にある程度重みのあるものが正確に切れるが、初心者には軽量で刃が交換できるものがつかいやすい。

ノコギリ
剪定バサミでは切れない太い枝を切るときにつかう。刃が片側だけにつき、先端が細くなって込み合ったところの枝を切るのに便利にできている。刃渡り20数センチのものが扱いやすく、手元が曲がっているピストル型のノコギリは片手でも力を入れてつかえる。

COLUMN

世界にひとつの鉢づくり

かんたんにオリジナルのコンテナがつくれるとしたら素敵ですね。
シンプルなコンテナにひと手間かけるだけで、世界にひとつだけのマイコンテナが誕生します。

ペイント

市販のコンテナに手書きで色を塗ると、シンプルなコンテナに愛らしい手づくり感がでます。

材料

油性スプレー、水性ペイント、はけ、マスキングテープ、綿棒

3 はけで水性ペイントを塗る。

4 綿棒で細い線や模様を描く。

5 乾燥させて、出来上がり。

1 コンテナの表面を油性スプレーで色をつける。

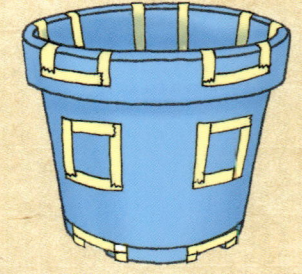

2 塗らない部分にマスキングテープを貼る。

126

貝殻がコンテナにしっくりとなじんだナチュラル感たっぷりのコンテナ。

青いかすり模様が和風の雰囲気を感じさせる、涼しげな味わいのあるコンテナ。

飾りを貼る

海で拾った貝殻を貼ると、思い出いっぱいのコンテナができます。

材料

貝殻、水性ペイント、はけ、タイル用の接着剤。

1 水性ペイントで均一にならないように、はけで全体を塗っていく。

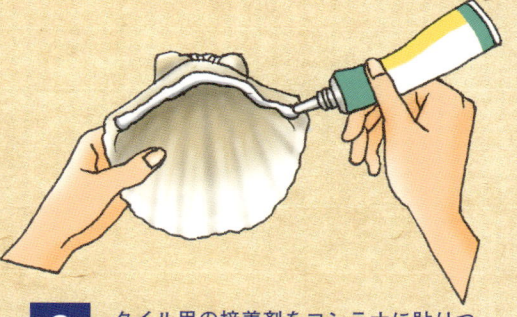

2 タイル用の接着剤をコンテナに貼りつける側に塗る。

3 接着剤が乾く前にコンテナに貼っていく。

4 乾燥させて、出来上がり。

土・改良用土の種類と配合

育てたい植物に適した土を、家庭で単体用土(赤玉土や鹿沼土など)を数種類混ぜてつくるため、水やりや施肥の間隔を変えずにすみます。すでに数種類の土を混ぜてあるブレンド培養土は、肥料も混ぜ合わせているものが多く、苗の植えつけに便利です。単体用土や土壌改良材の特徴と、配合の例を見てみましょう。

赤玉土
火山灰土が粒状になった土。通気性や排水性、保水性に優れている。小粒、中粒、大粒があるが、おもに小粒と中粒が使われる。

パーライト
無機物の改良用土。清潔で、通気性や排水性に優れている反面、保肥性や保水性が悪い。非常に軽量なため吊り鉢用培養土に最適。

黒土
有機質に富み、保水性に優れた土。ただし、通気性と排水性が悪いので、腐葉土やパーライトなどの土壌改良剤を混ぜて使う。

腐葉土（ふようど）
有機物の改良用土。広葉樹の落ち葉を腐植化したもので、通気性や排水性、保水性、保肥性に優れ、土をやわらかくする。

鹿沼土（かぬまつち）
通気性と排水性に優れるが、pH値が5.0前後と酸性のため、酸性土を好むツツジ科の植物や山野草、さし木などの用土に向く。

ピートモス
有機物の改良用土。水ゴケを腐植化したもので、pH値が3.5〜4.5と強酸性だが、中性に調整されているものも市販されている。

バーミキュライト
無機物の改良用土。軽量で清潔、通気性や保水性、保肥性に優れ、タネまき用土やさし芽用土、吊り鉢用培養土に適している。

第5章 育てる前に知っておきたい基礎知識

バークチップ（化粧バーク）
針葉樹類の厚い樹皮のチップで、株元周辺を覆うときに利用する。水やりや雨が降ったときの泥はねも防ぐ。

水ゴケ
湿地帯に生えるコケ類を乾燥させたもの。通気性や保水性、保肥性に優れ、コチョウランなどの着生ランに適する植え込み材料。

もみ殻くん炭（たん）
有機物の改良用土。通気性や保水性に優れているが、pH値が8.0以上と強いアルカリ性のため、用土の10%以下の配合までにする。

【草花をコンテナで育てる基本的な配合】

最近は植物別に多様な培養土が市販されています。ただし、元肥が入っているものと、入っていないものがあるので袋に書いてあることをよくチェックして購入しましょう。

自分でつくる

家庭で単体用土を混ぜてつくる場合の一例です。

- 腐葉土を **30〜40%**
- 小粒か中粒の赤玉土を **60〜70%**

右のように赤玉土と腐葉土を配合し、さらに元肥としてリン酸分の多い肥料と苦土石灰を混ぜ合わせる。多くの草花がこの配合でよく育つ。

🔍 ワンポイントアドバイス
配合土の混ぜ方
厚手の透明なビニール袋を利用し、上下左右に袋を振って混ぜ合わせると均一に混ざる。

培養土を使う

ブレンドずみの培養土を購入して使うのも簡便でよいでしょう。

花壇の土づくり

小さなスペースさえあれば花壇はつくれます。ただし、いきなり植物を植えるのではなく、土の状態を調べ、改良が必要ならその土に適した土壌改良を行うといったステップをふんでから、植物が喜ぶ健康な土で栽培を楽しみましょう。

【庭土の状態を知る】

2月も中旬になれば、本格的に土づくりをはじめます。どんな土なのかを調べて、フカフカの健康な土をめざします。

悪い土

1 水をふくませ、適度に湿った土をぎゅっと握りしめてから手を開く。

2 塊になった土を指で軽く押す。

3 塊が崩れなかったら、水はけの悪い単粒構造（→P132）の土なので改良が必要。

よい土

1 水をふくませ、適度に湿った土をぎゅっと握りしめてから手を開く。

2 塊になった土を指で軽く押す。

3 塊がぱらっと崩れたら、水もち、水はけのよい団粒構造（→P132）の土。

湿らせた土を握って固まらない土は、水もちが悪く乾燥しやすい土なので改良が必要。

ワンポイントアドバイス

上澄み液でチェック

土を水に入れてかき混ぜるだけでも、土の状態を確認できる。コップに土と水を入れてかき混ぜたとき、土が底に沈殿するスピードが早く、上澄み液がきれいなほど団粒構造のよい土。

第5章　育てる前に知っておきたい基礎知識

【土壌酸度を調べる】

栽培に適した土の酸度を調べるのは土壌改良の基本。試薬やPh試験紙を用いて簡単に調べることができます。酸度が高かったら石灰を散布するなどして、多くの植物が好むPh5〜7になるように改良する必要があります。

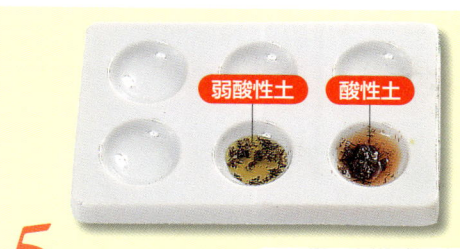

弱酸性土　酸性土

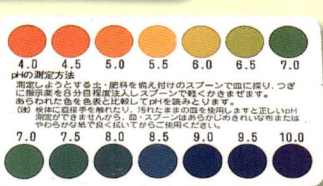

試薬キットで調べる

土壌酸度は試薬をつかえばより正確に調べられます。

5 土壌酸度（pH）によって色が変わる。右は酸性土、左は弱酸性土。

1 市販の土壌酸度が正確にわかるキット。

2 添付のパレットのくぼみに、添付のスプーン1杯分の土を入れる。

3 試薬を土を入れたくぼみの8分目まで入れる。

4 スプーンの柄でよくかき混ぜ、色表とくらべて酸度を調べる。

Column
酸性土に生える雑草

日本の土壌は雨によって酸性に傾いており、スギナやオオバコなどの雑草が好んで生えます。こうした雑草が生える土壌酸度の高い土は植物の根を傷めてしまい、野菜などを育ちにくくします。

酸性を好む雑草

▲スギナ（ツクシ） 　▲スイバ
▲ハハコグサ 　▲オオバコ 　▲カヤツリグサ 

中性を好む雑草

▲ハコベ

【土づくり】

土質と土壌酸度がわかったところで、本格的な土壌改良のはじまりです。団粒構造をめざして耕し、フカフカの土に変身させましょう。

3 酸度調整のため、石灰を1㎡当たり100～120g全面にまく。

2 石や瓦礫、木の根や雑草などを取りのぞく。

1 スコップの肩まで土に差し込んで掘る。

6 堆肥を均一に土に混ぜ込む。土づくりは遅くても、苗の植えつけの1か月前までに行う。

5 石灰を散布してから1～2週間後に、堆肥を1㎡当たり2～3ℓを全面に施す。

4 石灰が固まらないように、シャベルで土とよく混ぜ込む。

Column 単粒構造と団粒構造

単粒構造を改良して、多くの植物が好む団粒構造の土へ変身させましょう。

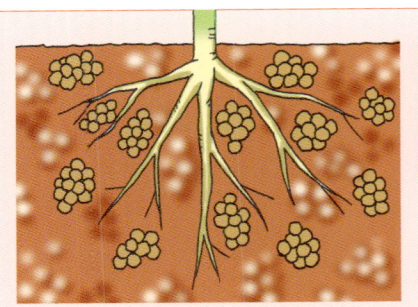

団粒構造
小さな土の粒がいくつか集まってできた土の塊を団粒といい、土の粒と粒が団子状にくっついている状態を団粒構造とよんでいる。このような土はすき間が広く、水と空気が循環するので、植物の根が育つのによい土といえる。

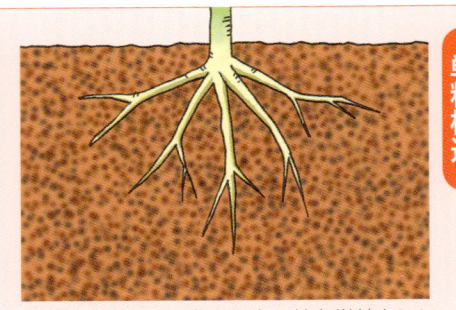

単粒構造
直径1mm以下の小さな土の粒を単粒といい、単粒だけがぎっしりと詰まっている状態を単粒構造とよんでいる。単粒だけで構成されている土は、土の粒と粒の間がせまく、水や空気の循環が悪いので、堆肥や腐葉土を加えて耕し団粒構造の土に改良しなければならない。

第5章 育てる前に知っておきたい基礎知識

【元肥を与えて植えつける】

元肥(もとごえ)

苗の定植前にあらかじめ土に混ぜておく肥料が元肥。緩効性の化成肥料や有機質肥料など、肥料の効果が長く持続するものを混ぜ込みます。

3 肥料が直接根に触れないように、少し土を戻す。

2 元肥として緩効性化成肥料をまく。

1 苗(ラークスパー)の根鉢に合わせて植え穴を掘る。

6 十分に水やりして植えつけ完了。

5 ぐらぐらしないように、根元を手で押さえる。

4 植え穴に苗を置き、土を寄せる。

Column 手づくり堆肥(たいひ)

堆肥の製造容器を使って、手づくり堆肥をつくりましょう。

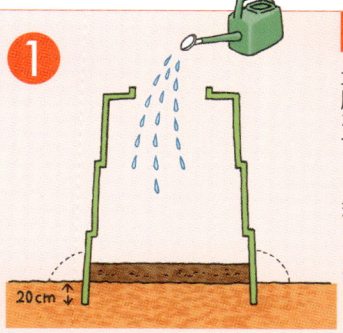

3 容器がいっぱいになったら土をかけ、ふたをして発酵を待つ。1～2か月後に容器からすべて出してかき混ぜ、水分を補給して再び容器に入れて完熟を待つ。

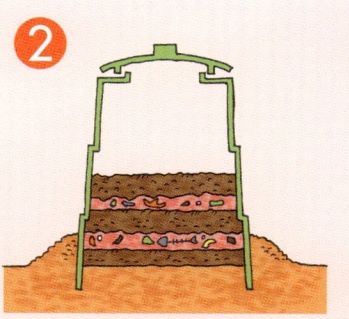

2 土を5cm程度入れてから、その日の生ゴミを入れて薄く土をかける。雨水が入らないようにしっかりふたをする。生ゴミと一緒に米ぬかを入れておくと発酵が早まる。

1 設置する場所の地面を20cm程度掘って容器(コンポスター、コンポストなどとよばれる)を置き、周囲に土を寄せる。容器の中には水をまいて土を湿らせておく。

COLUMN

あこがれの庭を夢見て

一年中花が絶えない美しい庭があれば、わが家の宝物として自慢できます。
ただし、好きな場所に好きな植物を植えて出来上がり！ではありません。
好みの様式を決定し、好みの植物の性質や開花期を調べ、計画を立ててつくりあげます。
園芸の本場、イギリスの庭を参考にイメージをふくらませてみましょう。

▲カラフルなシモツケやポピー、アストランチアも、グラスやシダに囲まれ、落ち着きのある花壇を構成している。

◀モモバギキョウ、ルピナス、ペルシカリア、黄金ササ、ゲラニウム、プリベッドなど、植物の高さ、株張り、色の配置が計算されたガーデン。

▶イングリッシュガーデンに欠かせないバラを、優しいライム色のホップ'オーレア'、ヒメノカリス、ゲラニウムなどが引き立てる。

English garden イングリッシュガーデン

18世紀後半から19世紀初頭にかけて、イギリスで誕生した自然風を基調にした庭園スタイルを「イングリッシュガーデン」といいますが、現代では、一般的にコテージガーデンのスタイルをさしているようです。周囲の建物などとの調和も図り、草花の色の組み合わせや、色調、植物の形や質感も考慮してデザインされているので、洗練されたセンスのよい庭づくりがされています。

イングリッシュガーデン定番の花

▶バラ アルフォンス
◀アリウム・ギガンチウム
▶ゲラニウム 'ジョンソンズブルー'
▼エリンジウム
▶ラベンダー

Border garden ボーダーガーデン

　イングリッシュガーデンの典型的な花壇のスタイルの一つで、「境栽花壇(きょうさいかだん)」ともいいます。生け垣や塀などに沿ったところに、手前は低く、奥になるほど草丈の高い植物を植える細長い花壇で、草丈は高、中、低の3段階にし、宿根草を中心に植え込みます。開花時期、花色、草姿などを考慮し、1年草や低木などとも組み合わせるとボリュームのある花壇が演出できます。

ボーダーガーデンにあう草花

▲宿根ルピナス 　▲アルケミラ
▲アストランチア 　▲デルフィニウム 　▲ユーホルビア 

▼石垣で低いベッドをつくり、こんもり茂るパープル・セージ、すらりと伸びたアリウムやジギタリスなどに低木を組み合わせて、芝生に映える花壇にしている。

▲宝石箱をひっくり返したような色とりどりの植物を組み合わせている。多彩な色のルピナス、ブルーのアンチューサなどを通路の両側に配し、訪れる人の目を楽しませる。

◀カスミソウのようなクランベ、デルフィニウム、キャットミントなどで後方から手前になだらかに傾斜をつけ、花に埋もれるようなウィグアムや石造りのコンテナをアクセントにしている。

Conifer garden コニファーガーデン

　主にコニファーをつかってつくられたガーデンです。コニファーは針葉樹の総称ですが、ガーデンに使われるのは、欧米の庭で利用されているような色彩と樹形が美しい種類です。品種により、カーペット状に広がるもの、円錐形、ロケット形、球形などさまざまな樹形があり、また、葉色もバラエティーに富んで、1年中緑が楽しめます。しかし、季節感を強調したいときは、草花や低木の花木を混植するとよいでしょう。

人気のコニファー

▲アリゾナイトスギ　▲カナダトウヒ

▲フィリフェラオーレア　▲コロラドトウヒ

▲ジュニパース

▲コニファーにはほふく性の樹種もあり、常緑なのでグラウンドカバーとしても利用できる。直立するコニファーの足元に植え込んで、広がりのあるガーデンづくりをしている。

▶コニファーは、樹形が円錐形や円柱形に自然にまとまり手間がかからない。樹高や樹形、葉色を組み合せるとコニファーだけのガーデンが楽しめる。とくに青みを帯びた色はコニファーだけがもつ色であり、色の変化をつけるためにはぜひとも利用したい樹種。

◀ 樹高や樹形の異なるコニファーを組み合せて植え込むと、見応えのあるガーデンになる。それぞれのコニファーの配色も考慮し、互いの色調を強調させ、足りない色を足元のアカバメギで補っている。

Shade garden シェードガーデン

日陰を生かしてつくられた庭をシェードガーデンとよんでいます。強い日差しのもとでは葉焼けをおこしやすい種類のカラーリーフプランツは、明るい日陰に植えると葉色が美しくなります。ほかにも、強い直射日光を嫌い、適度な日陰のほうがよく生育する植物もありますから、それらを利用して日陰ならではの落ち着きのあるガーデンづくりを楽しみましょう。

明るい日陰に向く植物

▲イカリソウ

▶イヌガンソク

▲ヘレボルス

▲黄金フウチソウ

▲キボウシ　寒河江

◀木漏れ日のさす斜面を利用して、ピンクのアキレア、斑入り葉のギボウシ、つやのある緑葉のベルゲニア、赤葉のヒューケラなどを彩りよく植え込んでいる。

▼フウチソウ、イカリソウ、青緑葉のギボウシ、斑入り葉のススキなどに、半日陰でもよく花を咲かせるヘメロカリスやジギタリスが色を添えている。

Kitchen garden キッチンガーデン

　キッチンガーデンは、文字どおりキッチンで使う野菜やハーブ、果樹などを育てるガーデンのことです。野菜にも、葉の色や形、花、実の美しいものがたくさんあります。それらを生かしてデザインすると、見た目の美しさと収穫の喜びも兼ね備えたガーデンになります。台所に近く、日当たりと水はけのよい場所が理想ですが、場所が取れないときは、コンテナを利用する方法もあります。

　▶台所の近くにつくられたキッチンガーデン。料理中に不足した材料がすぐ調達できるので、台所の近くにあるととても便利。小ネギ、セロリ、レタス、ブロッコリーを彩りよく配している。

▼庭の一角をキッチンガーデンに。野菜用に広めに場所がとれるときは、葉の色や形が異なるもの、ハーブや草花なども組み合わせて、バリエーションゆたかなキッチンガーデンに挑戦できる。

第 **6** 章

病害虫の防除法

病害虫からの被害を防ぐ

大切に育てた植物が病気や害虫に侵されたら、ほかの植物に被害が拡散しないように迅速に対処しなければなりません。代表的な病気と害虫の予防法を知り、早め早めの対応を心がけましょう。

【病害虫を寄せつけない工夫】

病気や害虫を寄せつけないよう、まずは予防することが大切です。

風通しをよくする
ハーブなどは収穫をかねて梅雨前に間引いて通風をはかる。

除草をこまめに行う
病気や害虫の温床になるので、雑草は生えてきたらそのつど抜き取る。

花後の処理を怠らない
花が咲いた後の花がらや枯れた葉は病気の原因になるのでこまめに取りのぞく。

肥料の与えすぎに注意する
葉ばかりが茂ったダイズ。チッソ分の多い肥料を与えすぎると植物が軟弱に育ち、病気の原因になるので適量の施肥を心がける。

カビの生えた球根

健康なタネや球根を用いる
タネや球根は日陰に置いてある健全なものを入手する。カビが生えた球根はさけること。

144

第6章　病害虫の防除法

完熟堆肥を用いる
発酵が不十分の堆肥は発酵時に生じる熱によって根を傷め、病気の原因になるので使用しない。

通路などをシートで覆う
雑草の繁茂や害虫の発生を寄せつけない忌避資材を敷いたり、株全体の上に張ったりする。

コンパニオンプランツを植える
マリーゴールドを近くに植えておくと、地中のネグサレセンチュウという害虫を退治してくれる。

【鉢植えでの予防法】
鉢植えは適切な管理と居心地のよい環境を用意してやれば、病気や害虫が寄りつきにくい丈夫な株に育ちます。

適期に植え替える
長い間、植え替えないでおくと根詰まりをおこして根腐れの原因になるので、適切な時期に植え替える。

水の与えすぎに注意する
根腐れをおこしたインパチェンス。水の与えすぎは根腐れのもと。表土が白っぽく乾いてから水を与える。

鉢台に置いて害虫の侵入を防ぐ
鉢を直接地面に置くと害虫が侵入するので、フラワースタンドやレンガなどの上に置くようにするとよい。

降雨時の置き場所に注意
雨が苦手な植物や開花中の鉢植えは、雨が降っている間、軒下などの雨が当たらない場所に移動する。

古い土はそのまま再利用しない
使い終わった古い土を次の植物用にそのまま使わない。古い根や害虫、雑草のタネを取りのぞいて日光に当てて消毒した土に、腐葉土や、古い土を再生させる改良材を混ぜた清潔な土を使う。

病害虫のチェックポイント

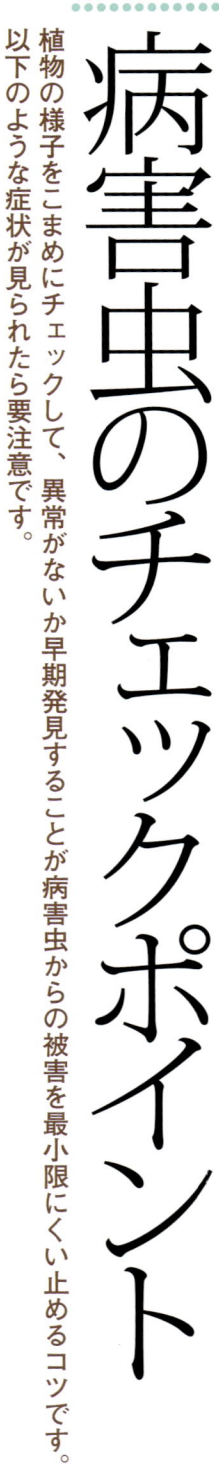

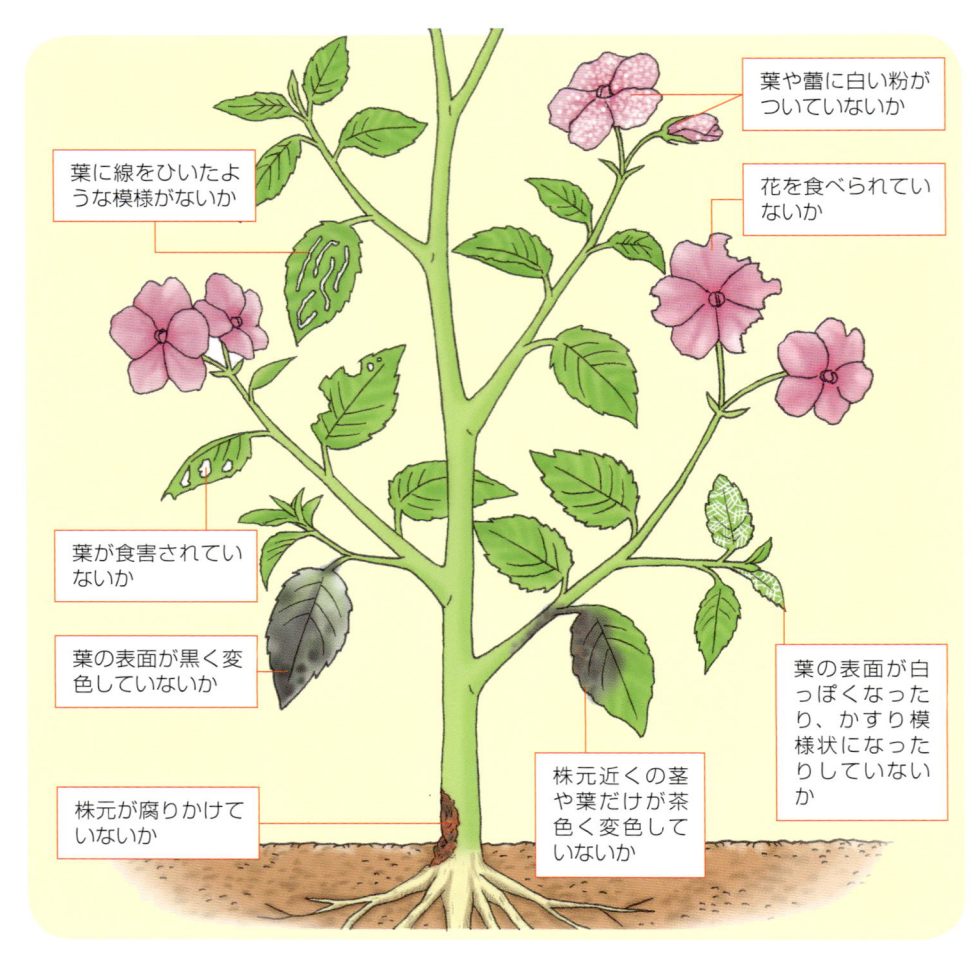

植物の様子をこまめにチェックして、異常がないか早期発見することが病害虫からの被害を最小限にくい止めるコツです。以下のような症状が見られたら要注意です。

- 葉や蕾に白い粉がついていないか
- 花を食べられていないか
- 葉に線をひいたような模様がないか
- 葉が食害されていないか
- 葉の表面が黒く変色していないか
- 葉の表面が白っぽくなったり、かすり模様状になったりしていないか
- 株元が腐りかけていないか
- 株元近くの茎や葉だけが茶色く変色していないか

【おもな病気と症状】

モザイク病
ウイルスによる病気。花弁に筋状の斑が入って花が小型化したり、葉に濃淡のあるモザイク状の斑が出る。

灰色カビ病
花弁に褐色の小さな斑点ができたり、葉や茎に灰色のカビが生えたりする。

うどんこ病
小麦粉をまぶしたような白いカビが生える。症状が重くなると葉全体がカビで覆われたようになる。

第6章 病害虫の防除法

【おもな害虫と症状】

ハダニ類
吸汁性害虫。葉の表面が白っぽくかすり状になり、葉裏に小さな虫がいる。葉や花弁を吸汁して植物を弱らせる。

アブラムシ類
吸汁性害虫。若い葉や茎、花弁に群生して植物の生長を悪くする。大発生すると株全体が枯れる場合もある。

ナメクジ類
食害性害虫。日没から這い出して植物をなめるように食害する。這いまわった跡が光沢のある筋になって残る。

カイガラムシ類
吸汁性害虫。小さく貝殻のような虫が茎や枝についている。吸汁によって植物を弱らせる。

イモムシ(アオムシ)・ケムシ(チャドクガ)類
チョウやガの幼虫でアオムシはキャベツ、チャドクガはツバキやサザンカを食害する。

コガネムシ
幼虫は根を、成虫は葉や花を食害してボロボロにしてしまう。

ヨトウムシ類
昼間は土にもぐり、夜間に活動する。花や蕾、葉を食害する。

花腐れ菌核病
病気にかかった部分にネズミのふんのような菌核(菌糸のかたまり)をつくる。花弁が腐り長期間花を楽しむことができない。

すす病
名前のとおり葉の表面がすす病の菌で真っ黒くなり、呼吸ができないようになる。アブラムシやカイガラムシの排泄物を栄養源として繁殖している。

赤星病
さび病の一種。葉に橙色の丸い斑ができ、次第に枯れて落葉する。

軟腐病(なんぷびょう)
地ぎわ部から地下部にかけてドロドロに溶けたように腐敗し、枯死する。

薬剤にたよらない防除法

病害虫が発生したらすぐに薬剤を散布する、というのも一つの方法ですが、栽培している植物が野菜や果実の場合や、ご近所への迷惑を考えると、薬剤利用は最低限度にとどめたいもの。薬剤を使わずに行う防除方法も知っておきましょう。

【エコ防除法のいろいろ】

病害虫の症状を早く見つけて防除すれば、薬剤にたよらないエコロジーにふさわしい駆除ができます。

病気の枝葉は早めに処分する
病気の症状が出た枝葉は、できるだけ早く切り取って病気の広がりを防ぐ。

ピンセットや箸でつまみ取る
害虫を見つけたら、ピンセットや箸などでつまんで取りのぞく。

防虫ネットをかける
葉菜などには寒冷紗や不織布をトンネルがけして害虫の進入を防ぐ。ラメ入りのネットはアブラムシ駆除に効果的。

水をかけて洗い落とす
葉の裏側にホースで強めに水をかけて、アブラムシやハダニなどを洗い落とす。

ビールで誘引する
ナメクジが這った跡を見つけたら、コップにビールと誘引剤を入れて土中に埋めておき、誘い出したあと捕殺する。

粘着トラップで誘引する
有色トラップともいい、害虫が黄色や青などの特定の色に寄ってくる性質を利用して誘引し捕獲する。

こも巻きをする
庭木では秋にコモやわらを幹に巻いて害虫の越冬できる場所をつくり、春に焼き捨てるとよい。

148

第6章　病害虫の防除法

Column
コンパニオンプランツを利用する

特定の草花や野菜の近くに植えると、病害虫が発生しにくくなったり、健全に育ったりするといわれる植物をコンパニオンプランツとよびます。強力な効果は期待できなくても、補助的な予防にはなります。

◀ラベンダーを植えるとモンシロチョウが寄りつきにくい。

▲ネギやニンニク、タマネギを、キュウリといっしょに植えると、つる割病が予防できる。

▲モンシロチョウはレタスを忌避するので、キャベツと混植すると産卵が防げる。

▶ソルゴーはアザミウマやアブラムシの天敵の活躍を助けるバンカープランツ。畑に植えておくとよい。

Column
植物に味方する生き物

庭や畑には、害虫を食べて数を減らしてくれる植物に有益な生き物がたくさんいます。薬剤をたびたび使うと、こうした益虫も殺すことになってしまいます。天敵がすめるようにすることで、害虫を少なくすることも可能になります。

ナナホシテントウの幼虫と成虫
幼虫
成虫

ハナグモ

アマガエル

カマキリ

シジュウカラ

薬剤を使用する防除法

手におえないほど病害虫の被害が大きくなったら、薬剤の登場です。薬剤は使用する前に病害虫の種類を知り、薬剤の効果を理解して正しく利用することが大事です。使用を誤ると、効果が得られなかったり、薬害が出たりするので、ラベル表示をよく読んで散布しましょう。

薬剤の種類と使い方

同じ目的のための薬剤でも、いろいろなタイプがあり、散布量や散布面積によって適したものは異なります。最初に、それぞれの特徴と注意点を理解して最適な薬剤を選ぶことが大切です。家庭用の農薬には、大別して殺虫剤と殺菌剤があります。

殺虫剤はその名のとおり害虫を駆除するための薬剤で、害虫に直接噴霧することで駆除するものや、薬剤の成分を植物の根から吸収させ、それを食害したり吸汁した害虫を駆除する薬剤などがあります。

殺菌剤は、かびや細菌などによって発生する病気の感染を防ぐための薬剤です。基本的に病気の蔓延を防ぐのが目的なので、すでに発生した被害を元の状態に戻すことは不可能です。

面積	薬剤のタイプ	特長
散布する面積が狭い場合	エアゾール剤	ボタンを押すだけで手軽にスプレーができ、応急処置としてすぐつかえるが、ベランダガーデンなどに好適。近距離で多量に噴霧すると冷害をおこすので注意する。
	AL（スプレー）剤	うすめる必要がないスプレー剤。多量の散布にはむかないが、近距離での噴霧でも冷害がおきない利点がある。使用目的別の薬剤、殺虫・殺菌剤など多くの種類がある。
	粉剤	散布した跡をはっきりと観察できるので、まきむらを防止できる。散布は風のないときに行い、吸いこまないようにする。散布した跡が汚れて見えるのが難点。
	粒剤	顆粒状の薬剤をばらまき、表土に軽く混ぜると効果的。土壌中に潜み夜間に植物を食害する害虫を殺すタイプと、根から吸収された薬剤が葉や花を食害する害虫を殺す浸透移行性のタイプがある。
	ペレット剤	粒剤を大きくした薬剤で、夜間活動し、植物を食害する害虫の駆除にむく。予防のために、先にまいておくのもよい。ペットが誤って食べないよう注意が必要。
散布する面積が広い場合	乳剤、液剤	水でうすめたときに乳白色になるのが乳剤で、白くならないものを液剤という。どちらも少量の薬剤を、大量の水でうすめてつかうため、広い範囲の散布にむく。希釈液は保存がきかないので、つかいきる量だけをつくる。
	水和剤、水溶剤	粉末タイプの薬剤。少量の薬剤を、大量の水でうすめてつかうため、広い範囲の散布にむく。希釈液に展着剤を加えると効果が高まる。希釈液がつくりやすいよう、家庭園芸向けの製品の多くは1ℓ用などに分包されている。

150

第6章 病害虫の防除法

【殺虫剤のいろいろ】

殺虫剤にはある程度、広い範囲の害虫に効果のある薬剤と、特定の害虫に有効な薬剤があります。

広範囲の害虫用薬剤

広範囲の害虫に効果がある薬剤としては、アセフェート剤、エトフェンブロックス剤、ペルメトリン剤、マラソン剤などがある。

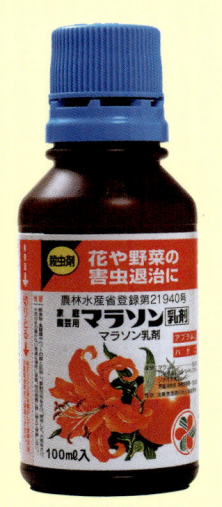

粒剤は植物の周囲に円を描くように散布してもよい。

- マラソン剤
- ペルメトリン剤
- エトフェンブロックス剤
- アセフェート剤

特定の害虫に効果がある薬剤

ケムシやアオムシ用にBT剤など、ハダニ用にデンプン剤など、ナメクジやカタツムリ用にメタアルデヒド剤が、また、アブラムシやコナジラミなど吸汁性害虫用薬剤としてアセタミプリド剤、イミダクロプリド剤などがある。

ハダニが多発すると網ができる。

- ●ハダニ用薬剤
  デンプン剤
  デンプン剤は化学殺虫成分を含まず、デンプンの粘着効果や薬液が虫体を被覆することにより窒息させるという物理的効果でハダニを駆除する。

- ●ナメクジや カタツムリ用薬剤
  メタアルデヒド剤

- ●ケムシや アオムシ用薬剤
  BT剤

【殺虫剤のいろいろ】

🔍 **ワンポイントアドバイス**

使用時期と使用回数を守る

野菜や果樹を栽培している場合は、薬剤のラベル表示に注意書きとして記載されている「収穫○日まで」などという使用時期と、「○回以内」などという使用回数をかならず守って散布する。

● アブラムシやコナジラミ用

イミダクロプリド剤　　アセタミプリド剤

【殺菌剤のいろいろ】

殺菌剤も殺虫剤と同様に、広範囲の病気に効果のある薬剤と特定の病気に効果を発揮する薬剤があります。

広範囲の病気用薬剤

広範囲の病気に効果がある薬剤としては、ベノミル剤、チオファネートメチル剤、キャプタン剤、TPN剤などがある。

TPN剤　　キャプタン剤　　チオファネートメチル剤　　ベノミル剤

第6章　病害虫の防除法

【殺菌剤のいろいろ】

害虫と病気が併発したときの薬剤

病気や害虫の多くは同時に発生することが多い。殺虫・殺菌成分が配合された殺虫・殺菌剤が使いやすい。

殺虫・殺菌剤

アレスリンとTPN剤の3種混合剤

特定の病気に効果がある薬剤

うどんこ病用薬剤として、トリホリン剤やイミベンコナゾール剤などがある。

トリホリン剤

▲うどんこ病は多くの植物に一年中発生するが、一般には春と秋に多発するので、定期的に薬剤散布して予防するとよい。

Column

その他の薬剤

植物に被害を与える病害虫を駆除するための薬剤ばかりではなく、最近ではさまざまな効果の薬剤も市販されています。

のらネコ忌避剤

花壇や庭を荒らすのらネコやのらイヌ用の薬剤で、ばらまくだけで忌避効果がある。

不快害虫駆除剤

ワラジムシやアリ、ダンゴムシなど不快な印象を与える虫を駆除するための薬剤。即効性や残効性のある製品など、さまざまな薬剤が市販されている。

除草剤

枯らす効果のある薬剤。近所の植物に薬害を与えることがあるので、散布場所や散布方法、薬効の持続する期間など十分に検討してから散布をする。

展着剤

薬剤を散布する際、付着効果を高めるためにつかうもので、薬剤を水で薄めるときに一緒に混ぜて使用する。

【薬剤の使い方】

大きな被害を与えている病害虫を発見したら、ただちに防除のための薬剤散布を行いましょう。さらに、定期的な予防散布も効果的です。

防除散布

毎日、こまめなチェックをしているつもりでも、病害虫の大きな被害を見落としている場合もある。見つけたら、防除のための薬剤散布を行う。

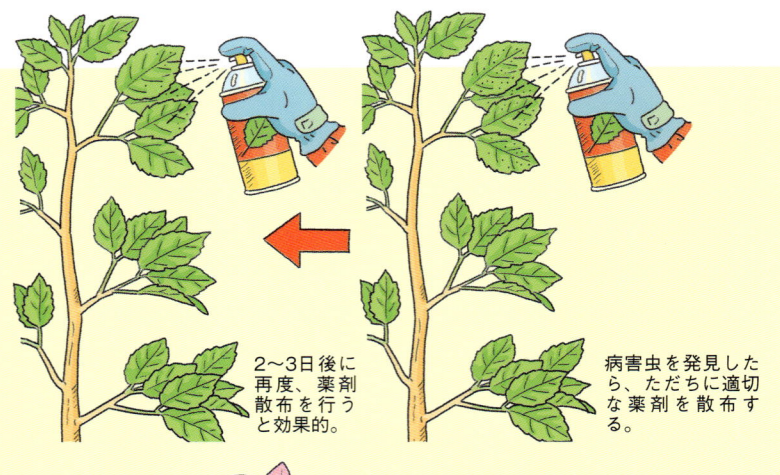

2〜3日後に再度、薬剤散布を行うと効果的。

病害虫を発見したら、ただちに適切な薬剤を散布する。

予防散布

定期的に薬剤の散布を行うと、病害虫の大きな被害を予防できる。

病害虫が発生しやすい梅雨時は、4〜5日後に1回の間隔で薬剤を散布する。

予防のためには、10日に1回の間隔で薬剤を散布する。

【薬剤のうすめ方】

乳剤や水和剤などの薬剤で水で希釈して使うタイプは、濃いと植物に薬害がでたり、うすいと効果が劣ったりするので、ラベル表示にしたがって正確に希釈することが大事です。

1 薬剤、計量カップ、ピペットなどを用意する。計量カップは目盛りがついているものが便利。

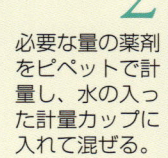

2 必要な量の薬剤をピペットで計量し、水の入った計量カップに入れて混ぜる。

3 薬剤が植物やムシなどによくくっつくように、展着剤をくわえる。

4 よく混ざり合うように、竹の棒などで撹拌する。

第6章 病害虫の防除法

【薬剤のうすめ方】

希釈早見表
（単位は、乳剤・液剤はmℓ、水和剤はg）

水量		500mℓ	1ℓ	2ℓ	5ℓ	10ℓ
希釈倍数	100倍	5	10	20	50	100
	250倍	2	4	8	20	40
	500倍	1	2	4	10	20
	1000倍	0.5	1	2	5	10
	1500倍	0.3	0.7	1.3	3.3	6.7

（例）500倍の濃度の散布液を1ℓつくる場合は、1ℓの水に乳剤・液剤2mℓ、水和剤2gを入れて溶かす。

ワンポイントアドバイス
水と薬剤を混ぜ合わすときの注意

噴霧器に水と薬剤を、直接入れて使うのは×。よく混ざらず、詰まりの原因になる。

5 ジョウゴをつかって、希釈液を噴霧器に移し替える。

【マナーを守ろう！ 薬剤散布の注意事項】

薬剤を散布する際に重要なのは身支度、そして近所への配慮です。家庭園芸の規模でも、薬剤の扱い方によっては危険な場合が少なくないので、十分注意しましょう。

薬剤散布時の服装

散布する際には肌に薬剤がかからないよう身支度を整え、使った後はかならず洗濯をして、そのまま放置しておかないようにする。

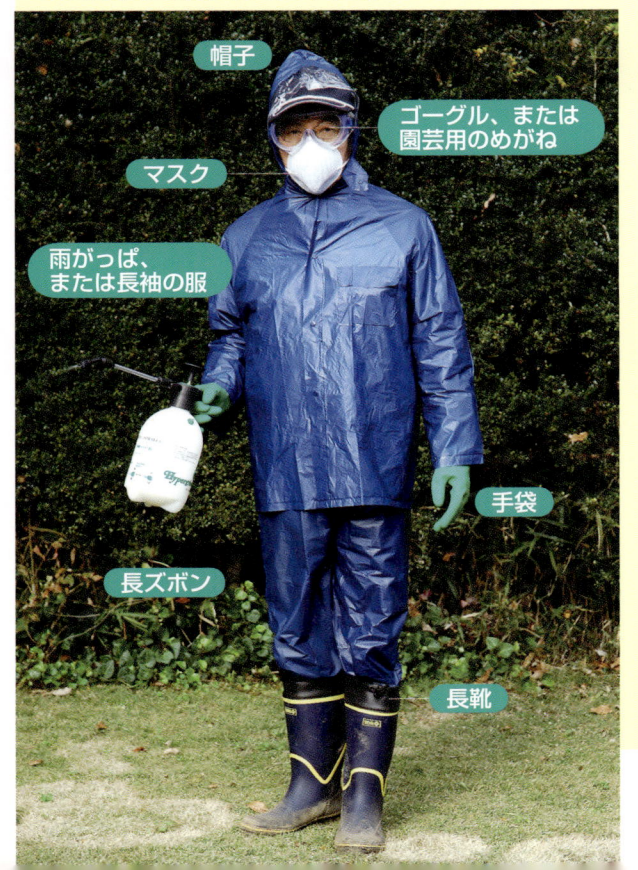

- 帽子
- ゴーグル、または園芸用のめがね
- マスク
- 雨がっぱ、または長袖の服
- 手袋
- 長ズボン
- 長靴

薬剤散布時に用意するもの

❶雨がっぱ、❷手袋、❸帽子、❹マスク、❺ゴーグルは安全に散布する必需品。

【薬剤散布時の注意】

小規模の薬剤散布であっても近所に早めに報告し、終わった後もお知らせしましょう。
洗濯物や池にはシートをかぶせて薬剤がかからないように準備をします。

▼子どもやペットは、薬剤がかからないよう室内に入れる。

▲薬剤散布は風のない日に行い、近所迷惑にならないようにする。

▲池に生き物がいるときはシートで覆ってから散布する。

◀室内に置いている植物に散布をする場合は、戸外に出して行う。

▶噴霧した薬剤が体にかからないように、後退しながら散布する。

【散布後の注意】

作業が終わったら、手足や顔をよく洗い、衣類や用具も洗濯や水洗いして保管します。

▼手首や顔など皮膚の露出部を石けんでよく洗い、うがいもする。

▲散布後、薬剤が乾くまで、子どもやペットを外に出さない。

◀衣類は着替え、ほかの衣服と区別をして洗濯をする。

▲器具はよく水洗いして、完全に乾かしてから保管する。

第7章

夏と冬を乗り切る

夏越しのコツ

日本の夏は高温多湿で、植物にとってつらい季節です。一般的に、植物は気温が30℃を超えると著しく生長が抑えられます。さらに高温になると衰弱がひどくなり、病害虫にも侵されやすくなります。植物が元気に夏を乗り切れる対策を立てましょう。

【庭の日ざし対策】

真夏の地表の温度は40℃を超え、50℃近くになることもあります。このような地温の上昇は、庭植えの植物や庭に置いている鉢植えにとってよい環境とはいえません。

木陰や建物の陰を利用
大きな樹木や建物の陰があれば栽培棚や鉢植えを移し、植物の避暑地をつくる。

枝すかしをする
枝すかしや除草をして蒸れを防ぐ。枝が込み入った状態では、蒸れて病害虫の発生の原因になる。

打ち水・葉水をする
夕方に、葉や鉢の表面、地面への打ち水をして、涼しい夜の環境づくりをする。

マルチング
バークチップを株元に敷いて、地温の上昇を抑える。不織布やワラを敷くのもよい。

よしずを立てる
栽培棚によしずを立て掛け、直射日光をさける。

寒冷紗(かんれいしゃ)や遮光(しゃこう)ネットで覆う
鉢棚の周りをフレームで囲って、寒冷紗や遮光ネットなどで覆う。

第7章　夏と冬を乗り切る

【庭の水やり】
夏の水やりは、涼しい時間帯である早朝に行うのが基本です。
庭植えの植物には、打ち水をして株全体を冷やしてやるのもよいでしょう。

水やりの基本
真夏になると、早朝の1回ではたりないので、夕方にもう一度水やりを行う。

葉水を与える
朝夕2回、水やりだけでなく、葉水も行って株全体を冷やしてやるとよい。

ワンポイントアドバイス
しおれてきたら日中でも水やりを！
日中に水やりをすると鉢内の温度が上昇し、根に被害を与えるのでさける。ただし、土が乾き、植物がぐったりとしおれている場合は、日中でもたっぷりと与える。

【ベランダの日ざし対策】
ベランダやテラスは、照り返しと直射日光で植物が弱ります。とくに鉢植えは、鉢内の温度が上がるので要注意。

傘で日陰をつくる
ガーデニング用のパラソルの下に鉢植えを置いて日差しをさける。

トレリスで日よけ
トレリスにつる植物をからませて日陰のスペースをつくり、日よけにする。

・トレリス
・つる性植物
・レンガや板などの上に鉢植えを置く

二重鉢で地温を下げる
◀鉢植えよりも二まわり大きな素焼き鉢を用意し、水をふくませた水ゴケか新聞紙を入れる。鉢植えを入れて、隙間に軽石などを詰め、水をふくませると気化熱で鉢内の地温が下がる。

▶発泡スチロールの箱に大粒のパーライトか小砂利を敷き、そこに鉢植えを入れ、隙間に湿らせた土を詰めておくと鉢土の地温が下がる。

【梅雨対策】

じめじめした気候のため病害虫が発生しやすいので、植物にとってダメージの多い時期です。雨と高温多湿を乗り切る梅雨対策を講じましょう。

軒下に避難する

花や果実は雨に当たると傷みやすいもの。軒下に移動させ、晴れたら日当たりに戻すようにする。

根腐れを防止する

鉢皿を敷いている鉢植えは水がたまると根腐れの原因になるので、こまめにたまった水を捨てる。

蒸れを防止する

鉢植え同士はできるだけ離して間隔をあける。間隔がせまいと枝葉が重なりあって蒸れを生じ、病害虫がはびこりやすくなる。

間引きをする

枝が込み合っていたり、ひこばえが茂って風通しが悪いときは、間引いたり切り払って通風をよくする。

1

2 ノコギリでひこばえをすべて切る。雑草も抜いておく。

3 株元がすっきりすると風通しがよくなり、蒸れからくる病害虫の危険から解放される。

マルチを敷く

畑や花壇では、ワラや腐葉土などを厚さ3cm以上敷き詰めると、地温が下がり、乾燥を防ぐことができる。また、植物への泥はねも予防できる。

第7章　夏と冬を乗り切る

【台風対策】
天気予報で台風がくることがわかったら、激しい風雨による被害を受けないよう対策を講じておきましょう。

ひもで固定する
フェンスにかけているプランターなどは下ろしておくか、ビニールや不織布で覆い全体をひもでしばって固定しておく。

支柱を立てる
低木や若木は1本の支柱を立てて、強風に倒されないよう支えておく。

ビニールや不織布で巻く
大鉢は2つくらいをセットにして、ビニールや不織布で巻いて両端をひもでしばって倒しておく。

高木は3本の支柱を立てて、がっちりと支えておく。

Column
留守中の水やり方法
留守中の水やりを怠って大切な植物を枯らしてしまうことがないようにしましょう。冬場は2〜3日与えなくても心配ありませんが、夏は毎日の水やりが欠かせません。

グッズを利用する
水を入れて鉢土にさすだけの短期間用グッズも利用できる。

二重鉢にする
◀鉢植えよりも一、二まわり大きな鉢を用意し、清潔な土あるいは砂を敷いて鉢植えを入れる。腰水をしておくと安心。

▶フネや育苗箱などに土か砂を敷き、そこに鉢植えを置く。全体的に水をかけてたっぷりと与えておく。

庭に埋める
鉢植えは庭に埋めておくだけでも効果的。

冬越しのコツ

暑さとともに植物が苦手とするのは冬越しです。耐寒性のある植物を育てていたとしても、鉢が凍結して割れてしまったり、ベランダでも霜柱が立って根を傷めたりする場合があるので対策が必要です。

【庭や畑の防寒対策】
マルチングやビニールフィルムを使ったり、土に埋めたりとかんたんな防寒対策があります。

マルチング
落ち葉を敷き詰めても霜よけになるうえ、水やりの回数が減り、鉢土や地面の凍結も防げる。

不織布で覆う
植物を不織布で覆うだけで、寒風や霜をさけることができる。

ホットキャップをかぶせる
ペットボトルでつくったキャップをかぶせると、苗も寒さから守れる。

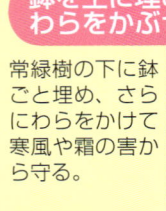

鉢を土に埋め、わらをかぶせる
常緑樹の下に鉢ごと埋め、さらにわらをかけて寒風や霜の害から守る。

笹を立てる
野菜を栽培している場合は、北側に笹を立てて寒風をさえぎる。

162

第7章　夏と冬を乗り切る

ポリフィルムをかける

支柱を立てて有孔ポリフィルムや寒冷紗、不織布をかぶせると、蒸れを防ぎ、防虫効果もあがる。

▶寒冷紗

▲有孔ポリフィルム

【ベランダの防寒対策】

マンションのベランダは高い階になればなるほど風当たりが強く、気温は下がって乾燥します。耐寒性のない植物は室内に取り込み、耐寒性のある植物は防寒対策をして冬を越させましょう。

コニファーで風よけ

コニファーなどの枝葉が密に茂った背の高い常緑樹を北側に並べ、その内側にコンテナを並べておくと寒風をさけることができる。

寒冷紗で風よけ

フェンスに寒冷紗やすだれを張って風よけにする。

ワーディアンケースに入れる

鉢植えを入れてビニールシートをかけておくと、寒さや乾燥から植物を守れる。プラスチックやガラス製のものもある。

ワンポイントアドバイス

日中は覆いをあけて蒸れを防ぐ

ワーディアンケースは、日中は中の温度が上がるため蒸れて株が弱る。日中は覆いをあけて換気を図ることが大事。ただし、夕方には忘れずに閉めること。

不織布の毛布

コンテナに不織布をかぶせてひもで結ぶ。寒さに合わせて二重、三重に包んで調節する。

【室内の防寒対策】

冬の室内は植物にとって快適な空間のようでいて、暖房で暖められ、夜間は急激に室温が下がる過酷な環境です。

日光浴をさせる

温かな日中は戸外に出して日光浴をさせてもよい。

ワンポイントアドバイス

夜間は移動する

室温が下がる夜間は、窓辺に置いた鉢花は部屋の中央のテーブルの上などに移す。

紙袋で保温

室温の下がる夜間は、植物に紙袋をすっぽりとかぶせるだけで保温になる。

エアコンの温風に注意

エアコンなどの温かい風が直接当たると、葉が乾燥してちりちりしてくるなどの被害が出るので、温風の流れに注意する。

葉焼けする植物の置き場

直射日光で葉焼けをおこす恐れのある植物は、レースのカーテン越しの光が注ぐ窓辺などに置く。

第7章　夏と冬を乗り切る

【冬の水やり】

一般に冬は植物の生長も鈍り、多くの水分は不要です。しかし、暖房のきいた部屋に置かれた植物は生長を続けて水分を欲するので、適度な水やりを行いましょう。

葉水を与える
空気の乾燥した室内では、植物の葉に霧吹きで葉水を与えると葉からの蒸散が抑えられる。

戸外の水やり
早朝の水やりは×。日が昇り、気温が上昇し暖かくなってきた午前中に行う。

加湿する
エアコンの温風で乾燥している室内は、加湿器で湿度を上げる。

Column

防寒用グッズのいろいろ
植物に適した環境がつくれない場合は、便利な冬越しグッズを活用しましょう。

ミニフレーム
ガラス製で、乾燥する室内でも湿度を保ち、植物の生育によい環境が保てる。

防寒キャップ
苗の保温だけでなく霜や寒風、鳥などの外敵から植物をガードしてくれる。

発芽・育苗器
ヒーター内蔵だから、春まき野菜や草花を冬の間に発芽させて育苗ができるすぐれもの。

寒冷紗と留め金具
野菜の栽培の場合、寒冷紗などでトンネルを張ると、蒸れや霜を防げるうえ、防虫効果も高くなる。かんたんに寒冷紗をとめられる金具も市販されている。

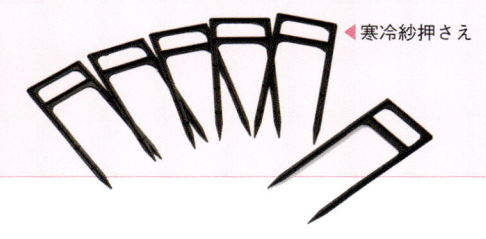

◀寒冷紗押さえ

COLUMN

ガーデンプランづくり

好みに合った庭がつくれたら、どんなに素敵なことでしょう。
それにはまず、「なんとなく」ではなく、「こんな庭にしたい」というイメージをもつことが大事です。
そして、スペースや日当たり、植物の組み合わせとともに、建物との調和も考えてプランを立てます。

Formal Style フォーマルスタイル

植物を刈り込み、幾何学的な模様の整然とした美しいガーデンです。公共性のある場所に用いられてきたスタイルですが、家庭では玄関や門周りなどのきちんとした印象を与えたい場所に適しています。つくるポイントは、植栽の配置をシンメトリー（左右対称）にすることです。

▲同じ素材のコンテナに同じ植物を植え込み、玄関に対に置くだけでフォーマルな印象を与える。

▲花色の豊富なパンジーで構成された春のガーデン。小さな花壇をレンガ敷きの通路に合わせてつくり、フォーマルな印象をもたせている。

▼アプローチに沿ってまっすぐに伸びるボーダーガーデン（→136P）。草丈や花つきにばらつきがでないように配慮されているので、整然とした美しさが感じられる。

▶テラスからガーデンの奥に向かうアプローチに、ローズマリーや円錐形のコニファーをシンメトリーに配置し、高さを抑えてフォーマルな中にも軽やかさを演出している。

Natural Style ナチュラルスタイル

自然を取り入れるスタイルで、植物を野原や山に生育しているように植えつけるガーデンです。直線を避け、できるだけ曲線を生かして構成し、ナチュラルなイメージを大事にします。そして、全体のバランスはアシメトリー(非対称)にしますが、植え込まれた植物がばらばらな印象にならないよう草丈やボリュームなどに注意します。

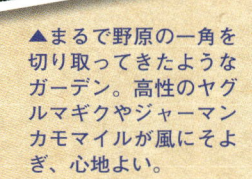

▲まるで野原の一角を切り取ってきたようなガーデン。高性のヤグルマギクやジャーマンカモマイルが風にそよぎ、心地よい。

◀アプローチに敷かれた自然石にコケが生え、ハボタンやパンジーまで山に生育しているように植栽された自然の恵みいっぱいのナチュラルガーデン。

▼自然の移ろいが身近に感じられるガーデン。池など水を利用するとさらにナチュラルな雰囲気が演出できる。

▲形にとらわれないで、自由なレイアウトで植栽されたガーデン。草丈や花色のバランスがよく、コスモスやメランポジウムが野草のような風情で咲いている。

Modern Style モダンスタイル

植物のもつ個性を重視した新しいスタイルで、デザイン性がより強調されたガーデンです。最近人気のオーナメンタルグラスのもつやわらかな風情やニューサイランの堂々とした草姿の個性を生かすなど、植物の個性を引き出した庭づくりをします。また植物に限らず、ガーデンファニチャーやガーデンアクセサリーなども取り入れてコーディネートします。

▼シャープな葉が魅力のニューサイラン、それを取り巻くふわふわと優しげな花を咲かせるアスチルベ。植物の個性を生かしたモダンなガーデン。

▼大きな葉を茂らせるカンナと葉色の美しいコリウスをメインに、コンポスターをフォーカルポイントにしたガーデン。

▲木枠のレイズドベッドに植えられた小型のパンジーなどに対して、寄せ植えのポットで高さを出し、すっきりとまとめてモダンに見せている。

◀チューリップとパンジーが咲くレイズドベッドとヘデラで覆われたウォールガーデンが一体となり、ガーデンアクセサリーも一役買って個性的なガーデンを演出している。

168

さまざまな花の形と草姿

どんなガーデンがつくりたいか、ある程度スタイルがイメージされたら、植え込む植物の組み合わせも考えなければなりません。植物の選び方、組み合わせ方、配置は大事なことで、植物の姿や花の形を知っておくと、たくさんの植物を植え込んでもバランスのよいガーデンがつくれます。

花形

球形（キク）
ダリアやマリーゴールドの八重咲きのように、小さなボール状になり、ポンポン咲きともよばれる。

円形（マーガレット）
コスモスやマーガレット、ジニアのように、中心から円を描くように咲く形。

ラッパ形（ユリ）
ユリやヘメロカリス、エンゼルトランペットのように、ラッパのような形をしている花。

カップ形（クロッカス）
ポピーやバラのように、外側の花弁が内側の花弁を包むように咲く形。

星形（ペンタス）
イフェイオンやバコパ、プラティアのように、上から見ると星形に見える形。

釣り鐘形（青花ホタルブクロ）
キキョウ科やクレマチスなどで見られる釣り鐘状の形。ベル形ともよばれる。

草姿

半円形にまとまる形（ベゴニア・センパーフローレンス）
インパチェンスやニチニチソウ、コキアなどは、自然に半円形の草姿にまとまりやすく、1株でもこんもりと茂るので花壇の縁取りなどに利用される。

横へ広がる形（ネモフィラとリムナンテス）
ポーチュラカやリシマキア・ヌンムラリア、アリッサム、シバザクラのように、地面を這うように広がる草姿で、草丈の高い植物の株元に用いると効果的。

垂直に伸びる形（ジギタリス）
グラジオラスやデルフィニウム、アリウム・ギガンチウムのように、上に向かって伸びる草姿で、力強い印象を与えてアクセントの効果がある。

草本性植物の各部名称

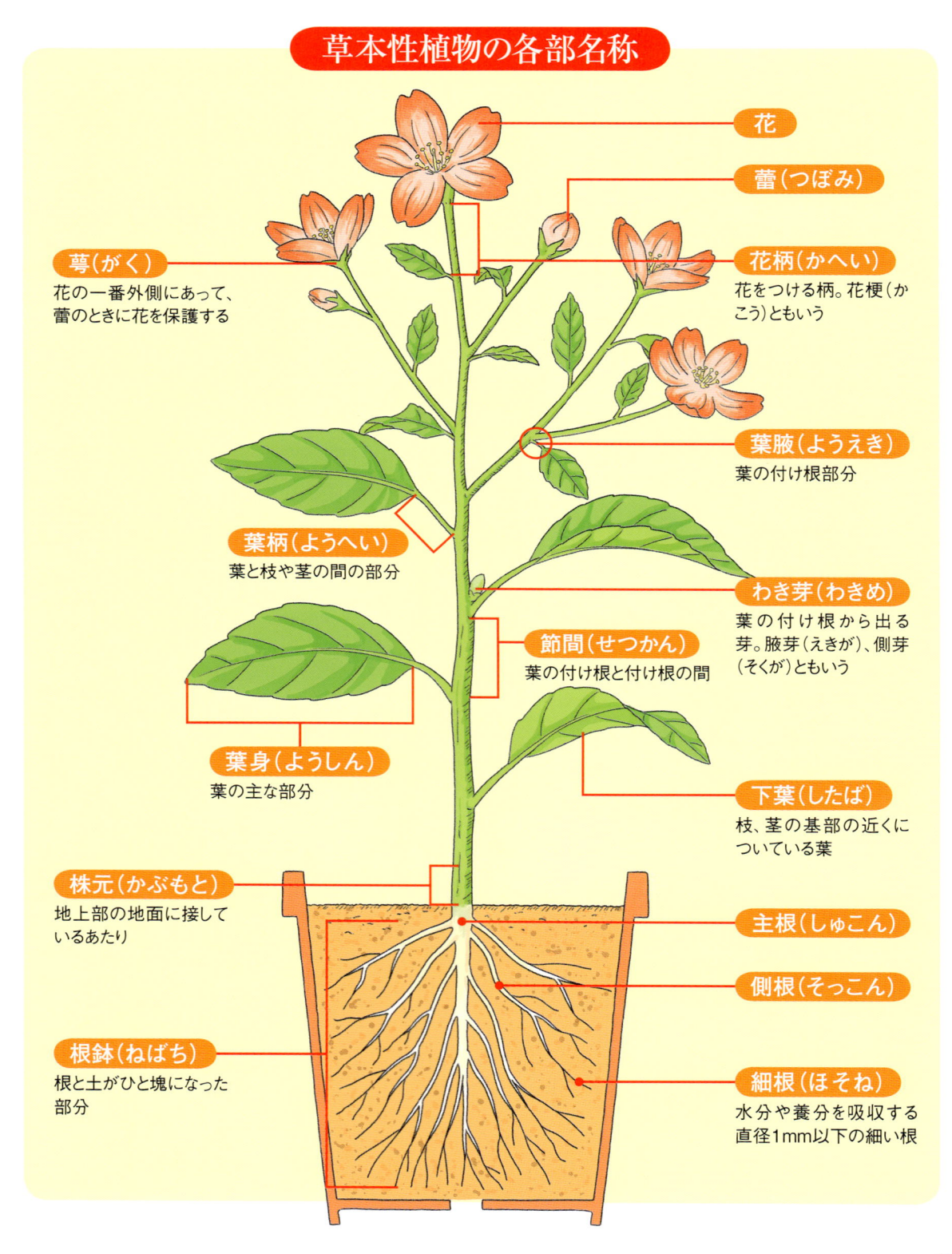

花

蕾（つぼみ）

萼（がく）
花の一番外側にあって、蕾のときに花を保護する

花柄（かへい）
花をつける柄。花梗（かこう）ともいう

葉腋（ようえき）
葉の付け根部分

葉柄（ようへい）
葉と枝や茎の間の部分

わき芽（わきめ）
葉の付け根から出る芽。腋芽（えきが）、側芽（そくが）ともいう

節間（せつかん）
葉の付け根と付け根の間

葉身（ようしん）
葉の主な部分

下葉（したば）
枝、茎の基部の近くについている葉

株元（かぶもと）
地上部の地面に接しているあたり

主根（しゅこん）

側根（そっこん）

根鉢（ねばち）
根と土がひと塊になった部分

細根（ほそね）
水分や養分を吸収する直径1mm以下の細い根

●葉ざし(はざし)
葉の一部、あるいは全部をつかったさし木。全葉ざし、片葉ざし、葉柄ざしがある。

●ハスロ(はすくち)
ジョウロの先につける、小さな穴がたくさんついた部分。ハスの花托(かたく)によく似ているので名づけられた。

●鉢上げ(はちあげ)
タネをまいて育てた苗やさし木、さし芽苗を、ビニールポットや育苗箱から鉢に植えなおすこと。また、地植えの植物を掘り上げて鉢に植えなおすことも鉢上げという。

●鉢底石(はちぞこいし)
ゴロ土ともいい、水はけをよくするため、用土を入れる前に鉢の底に入れる軽石などのこと。

●発根剤(はっこんざい)
根詰まり気味の苗を、鉢土を落とさずに一回り大きな鉢に植え替えること。

●花がら(はながら)
枯れたり、しおれた花。実を楽しんだり、タネを採る必要がなければ、早めに取りのぞく。

●花芽(はなめ・かが)
将来、花が咲く芽。正式には「かが」とよぶ。花を咲かせない葉芽よりも丸みがあって大きい。

●花芽分化(はなめぶんか・かがぶんか)
植物に花芽ができること。昼と夜の長さや温度などに影響される。

●葉水(はみず)
葉に水をかけることで、シリンジともいう。ほこりやハダニを洗い流す、植物の温度を下げる、空中湿度を高めるなどの目的で行われる。

●葉芽(はめ・ようが)
生長しても蕾をつけない芽。葉や枝が出る芽。正式には「ようが」とよぶ。

●葉焼け(はやけ)
強い直射日光に当たって葉が傷むこと。

●ハンギングバスケット
吊り鉢に植物を植えて空中に吊るしたり、壁に掛けたりして植物を楽しむ園芸方法の一つ。空間を利用して植物を立体的に演出できる。

●半日陰(はんひかげ)
木漏れ日が当たる環境をいい、寒冷紗などで遮光した場所や1日3〜4時間くらい日が当たる場所。明るい日陰ともいう。

●斑入り(ふいり)
葉や花弁、茎、などに出る本来の色と異なる色のことで、植物に斑が出ている状態を斑入りという。

●フォーカルポイント
庭の中で視線を集めるようにつくられた場所やものを指し、一般にはバードバスや大型のコンテナが利用される。

●覆土(ふくど)
タネまきや球根を植えた後に土をかけて、タネや球根を埋めること。好光性種子はごく薄く土をかける。

●覆輪(ふくりん)
花弁や葉の縁が異なる色になること。

●不要枝(ふようし)
樹形を乱し、ほかの枝の生長を妨げるので、ふつうは付け根から切り落とす。

●腐葉土(ふようど)
クヌギ、ケヤキ、カシ、シイ、コナラなどの落ち葉を堆積して腐らせたもので、植物の根張りをよくする。

●双葉(ふたば)
双子葉植物が発芽したときに最初に出る1対の葉。子葉(しよう)ともいう。

●分球(ぶんきゅう)
球根が大きく育つと、子球をつくり、これが分かれて新しい個体になる。球根類では子球を分けてふやしていく。

●分枝(ぶんし)
わき芽が伸びて枝分かれすること。

●ペーハー(pH)
土壌酸度を示す単位。pH7を中性とし、それより小さい場合は酸性、多い場合はアルカリ性とよぶ。

●ボーダーガーデン
イングリッシュガーデンの典型的な花壇の一つ。塀や生け垣、壁などに沿ってつくられた細長い花壇で、奥から手前に草丈を高・中・低の3段階にして、宿根草を中心に植え込まれる。

●ポット苗(ぽっとなえ)
ポリ製の鉢に植えられた苗。花壇や畑、コンテナに定植して育てる。

●匍匐性(ほふくせい)
地面を這うように植物が生長する性質。

●本葉(ほんば)
子葉の後に出てくる葉のこと。

ま

●間引き(まびき)
タネをまいて発芽した後、込み合わないように余分な苗を抜いて空間をつくる作業のこと。日当たりや通風をよくして苗を健全に育てるのが目的なので、生育段階に応じて順次、株の数を減らしていく。

●マルチング
腐葉土や堆肥、わら、モミなどの樹皮を砕いたバークなどを使って、植物の根元の土を覆うことで、雨や水やりによる土の跳ね返り、土の乾燥、冬の寒さ、夏の暑さなどを防ぐ効果がある。

●密閉ざし(みっぺいざし)
さし木後、乾燥しないようにビニール袋などで覆い、多湿状態にして葉の蒸散を抑えて行うさし木。

●芽かき(めかき)
1茎に大きな花を咲かせるため、不要な芽をかき取ること。同様に蕾を摘むことを摘蕾(てきらい)という。

●木本性(もくほんせい)
茎が木質化して何年も生育を続ける植物。

●元肥(もとごえ)
植えつけ、植え替えの際に施す肥料で、あらかじめ土に混ぜておく場合と、根の下のほうにまとめて入れる場合がある。

●盛り土法(もりつちほう)
取り木の方法の一つで、株元に土を盛って根を出させる。

や

●誘引(ゆういん)
つる性の植物を支柱などに結びつけていく作業。

●有機質肥料(ゆうきしつひりょう)
油かす、鶏ふん、牛ふん、骨粉、堆肥など。遅効性で土質の改良に役立つ。有機配合肥料はこれらの肥料を混ぜたもの。

●寄せ植え(よせうえ)
コンテナに根のついた草花の苗などを複数植えること。異なる種類の草花や樹木を組み合わせるときは、日照や水やりなどの条件が似ている物を選ぶのがポイント。

ら

●ランナー
ほふく茎、ほふく枝。這うように長く伸びる節間の長い茎やつる。節に小株をつけることが多い。イチゴやオリヅルランなどに発生する。

●レイズドベッド
レンガや石、板などで土どめをし、地面より高く土を盛ってつくられた花壇。水はけがよくなって植物が育ちやすい利点がある。

●連作障害(れんさくしょうがい)
毎年同じ場所で、同じ種類や同じ科の植物を育てていると、病気がふえるなど、生長に障害がおこる。これが連作障害で、とくにナス科やアヤメ科に生じることが多い。

●ロゼット
地際から出た葉が地面に接して放射状についている様子。

わ

●わい性(わいせい)
小さいこと。その植物の標準的な大きさにくらべて草丈が低いこと。

●ワーディアンケース
乾燥や寒さから植物を保護するためのケースで、プラスチックやガラス製のものがある。

●枯死(こし)
植物が枯れ果てること。
●腰水(こしみず)
湿地物などに適した栽培方法で、浅い容器などに水を張り、そこに鉢を入れて、鉢底穴から水を吸わせるやり方。
●こぼれダネ
栽培していた植物の結実したタネが自然に落ちたもの。
●ごろ土(ごろつち)
鉢底石ともいえ、鉢植えのとき、水はけと通気性をよくするために、鉢底に入れる粒の大きな土のこと。
●混合花芽(こんごうかが)
ひとつの芽が花だけでなく、葉や枝も出す芽。カキのように葉のつけ根に花がつくものと、リンゴなど伸びた枝の先に花がつくものがある。
●コンテナ
植物を植える容器の総称。鉢、プランター、木製の樽など、材質や形、大きさなどは問わない。
●コンパニオンプランツ
近くに植えたり、混植するとお互いがよい影響を与える組み合わせの植物。

さ

●さし木(さしき)
木の枝を切って清潔な用土にさして根づかせる繁殖方法のこと。挿し木に使う枝や茎を挿し穂、用土を入れた容器を挿し床という。草本の場合は、さし芽。
●直まき(じかまき)
植物を栽培する花壇や鉢などに直接タネをまくこと。
●四季咲き(しきざき)
四季咲き性。開花期以外にも花を咲かせる性質。
●宿根草(しゅっこんそう)
多年草の1種で、冬になって地上部が枯れても、土中の根や茎、芽などが枯れずに残って、春になると再び芽を出して生長する植物。
●子葉(しよう)
植物体に最初につくられる葉のことで、多くは発芽後しばらくしてなくなる。
●シルバーリーフプランツ
葉色の美しい植物をカラーリーフプランツとよぶが、カラーリーフのなかでも銀葉のものをシルバーリーフという。ほかに、銅葉のブロンズリーフ、黄葉のイエローリーフ、黒葉のブラックリーフなどがある。
●新梢(しんしょう)
休眠期までの間に新しく伸び出た枝のことで、1年枝ともいう。

●水和剤(すいわざい)
殺菌剤の形状。細かく砕いた有効成分を水で練って糊状にし、規定の水に薄めて使う。
●剪定(せんてい)
樹形を整えたり、大きくなるのを抑えるために枝を切ること。刈り込み、切り戻し、摘心、芽摘みなども剪定作業の一種である。
●草本性(そうほんせい)
茎が木質化せずに、ある程度まで育ったら肥大を止める植物。
●速効性肥料(そっこうせいひりょう)
施すとすぐに効果を現す肥料。液肥などがある。

た

●台芽(だいめ)
接ぎ木した株の台木から出る芽で、発生しだい刈り取ることが大事。
●立ち性(たちしょう)
茎が立ち上がって伸びる植物の性質。
●多年草(たねんそう)
1年だけではなく、2年以上にわたり、生長サイクルを繰り返して生き残る植物。
●中耕(ちゅうこう)
降雨や水やりで硬くなった土を軽く耕し、水や空気の通りをよくすること。
●直根性(ちょっこんせい)
ダイコンやニンジンのように主根がまっすぐに深く伸びる性質。
●追肥(ついひ・おいごえ)
植物が育ちはじめてから施す肥料で、植物の生育状態にあわせて施す。即効性のある液肥や化成肥料が代表的。
●接ぎ木(つぎき)
ふやしたい植物の枝や芽(つぎ穂)を切り取り、別の植物(台木)につなぎ合わせて、独立した固体を得るふやし方。接ぎ方によって、切り接ぎ、芽接ぎなどの種類がある。
●土寄せ(つちよせ)
倒伏を防いで根張りをよくするために、小さな苗や株の根元に土を寄せて盛り上げること。
●つるボケ
つるや枝ばかりが茂って、花つき、実つきが悪くなること。窒素肥料が多いとおこりやすい。
●摘心(てきしん)
ピンチともいい、枝の茎や芽先(芯)を摘み取ること。摘心すると、わき芽の発生や分枝が促される。徒長や大きくなるのを抑えたいときにも効果がある。
●摘蕾(てきらい)
つきすぎた蕾をと摘み取ること。
●天芽ざし(てんがざし)
さし木の一つで、頂芽のついた茎や芽をさすこと。

●展着剤(てんちゃくざい)
農薬散布時に、薬液が植物や虫にくっつきやすくするために加える薬品。
●土壌改良材(どじょうかいりょうざい)
植物の生育に最適な土壌にするために土に混ぜ込むもので、堆肥や腐葉土が使われる。
●土壌酸度(どじょうさんど)
土壌の酸性の強度。pHで表され、pH7が中性の値でこれより小さい場合は酸性、大きい場合はアルカリ性という。
●徒長(とちょう)
密植や光量不足などで、茎や枝がひょろひょろと細長く伸びて、弱々しく生育すること。
●取り木(とりき)
ふやしたいと思う樹木(親木)の幹や枝などから新しく芽を出させ、根が十分発達したら親木から切り離して、独立した個体を得るふやし方。

な

●二重鉢(にじゅうばち)
植物が植えられている鉢を鉢のままそれより大きな鉢に入れて、間に詰め物をすること。鉢土の温度を保ちたいときや、鉢土を乾きにくくするときに行う。
●2年草(にねんそう)
タネまきから枯れるまでが、1年以上2年以内。春にタネをまき、その年は開花せずに生長を続け、冬の寒さにあたって翌春に開花、結実して枯れる。
●根腐れ(ねぐされ)
水のやりすぎや通気が悪いと根が腐って衰弱する。気づいたときには手遅れの場合が多い。
●根ざし(ねざし)
さし木の方法で、根を切ってさし穂としたもの。
●根詰まり(ねづまり)
鉢の中に根がぎっしり伸びて、通気性、排水性が悪くなっている状態のこと。生育が衰えるので、早期に植え替える必要がある。
●根鉢(ねばち)
鉢やポットなどで育てた植物を抜くと、根と用土が一つの塊になっている。この塊が根鉢で、根が多いものは軽くほぐしてから植えつける。
●根巻き苗(ねまきなえ)
掘り上げてわらや麻布などで包まれたまま売られている苗。そのまま植えることができる。

は

●培養土(ばいようど)
数種類の土や堆肥、肥料などを混ぜ合わせたもので、コンテナ栽培植物を育てるときにつかう土。
●バークチップ
針葉樹の樹皮をチップ状にしたものでマルチングに使用される。さまざまな大きさがある。

園芸用語

あ

●浅植え（あさうえ）
苗や球根を植えるとき、普通より浅めに植えること。

●あんどん仕立て（あんどんじたて）
数本の支柱にワイヤーなどでつくった輪を2～3段固定したあんどん支柱に、アサガオやクレマチスなどのつるをからませて栽培する鉢植えでの仕立て方。

●育苗（いくびょう）
タネをまいて発芽した苗やさし芽、さし木などで発根させた苗を、しっかりした丈夫な株に育てること。

●移植（いしょく）
草花や樹木の株を、植えてある場所から他の場所に植え替えること。

一代雑種（いちだいざっしゅ）色や形などのさまざまな形質が固定した固体同士を交配してタネを採り、栽培した1代目のことで、F1（エフワン）ともいう。親にくらべて丈夫で均一な性質がそろう優れた特徴があるが、次の子ども（雑種第2代）は形質がばらばらで、タネをとってまいても親と同じものは出ない。

●1年草（いちねんそう）
タネをまいてから1年以内に花が咲き、実を結んで枯れる植物のこと。原産地では多年草でも、日本の夏の暑さや冬の寒さで枯れてしまうものも1年草扱いにされる。

●植え替え（うえかえ）
苗や苗木を新たな場所に移し替えることで、健全な生育に欠かせない作業。

●ウォータースペース
鉢植えで、鉢の縁より数センチ低くなるように用土を入れ、水やりのときに、一時的に水をためる空間で、水代（みずしろ）ともいう。鉢が大きいほどウォータースペースも深くとる。

●ウォールガーデン
建物の外壁やフェンス、トレリス、外構の壁、石垣などに、主につる性植物をからませて演出した庭。

●液肥（えきひ）
液体肥料。液体状の肥料のことで、原液を薄めて使うもの、粉末状の肥料を水にといて使うもの、そのまま使うものがある。即効性があり、追肥に向く。

●園芸品種（えんげいひんしゅ）
観賞価値や利用価値を高めたり、栽培しやすいように、人工的に性質を改良してつくられた品種。園芸種ともいう。

●置き肥（おきひ）
根元に油かすや骨粉の固形肥料、または緩効性の化成肥料を置き、長い期間効かせるようにする肥料。

●遅霜（おそじも）
晩春から初夏にかけて降りる霜のこと。春に植えた植物がダメージを受けるので、天気予報で遅霜の予報が出たら、霜よけをしたり、軒下に鉢を移動させて霜の害から守る。

●親木（おやぎ）
さし木をするときなど、さし穂を取る株のこと。親株ともいう。

●お礼肥（おれいごえ）
花が咲いたり、実をつけたりした後に、お礼の意味で施す肥料。開花や結実で消耗したエネルギーを回復し、株を再び元気にする効果がある。

か

●化学肥料（かがくひりょう）
化学工業的に製造された肥料で、含まれる成分によって単肥と化成肥料に分類される。

●隔年結果（かくねんけっか）
1年おきに実がなること。カキやミカンのように開花から実が熟すまで長い時間を要する果樹に多く見られる。あまりたくさんの実がつくようなときは、翌年実なりが悪いので、摘果して防ぐ。

●化成肥料（かせいひりょう）
化学肥料の中で、窒素、リン酸、カリのうち2種類以上混合して粒状化したもの。成分比が明示されているので、必要に応じて使い分けるとよい。

●活着（かっちゃく）
植えつけた苗が花壇などに根づくこと、また、さし木や接ぎ木した植物が根づき、生育しているさま。

●活力剤（かつりょくざい）
土に差し込んで使うアンプルタイプと水にうすめて使う液体タイプがあり、肥料成分が低濃度のため肥料とはよべないのでこの名で市販されている。生育不良のときなどに使用する。

●株立ち（かぶだち）
根元から複数の幹が立ち上がった樹木、またはその状態をさす。

●株分け（かぶわけ）
繁殖法の一つで、株を掘り上げ、いくつかに分けて再び植えつける方法。宿根草や株立ちの低木で利用される。

●花木（かぼく）
一般的にはとくに花を観賞する目的としている木をさすが、広い意味では実の美しいものや紅葉の美しいものも含めて、観賞価値の高い庭園樹木を意味する。

●緩効性肥料（かんこうせいひりょう）
施してからゆっくりと効果が現れる肥料。

●寒肥（かんごえ・かんぴ）
冬の休眠期間中に庭木などの根元に施しておき、春からの生育に役立てる。有機肥料を施すのが一般的。

●寒冷紗（かんれいしゃ）
日よけに用いる網状になった布。遮光のほか、植物を寒さから保護するときも利用できる。

●希釈（きしゃく）
農薬や液体肥料の原液などを、使用するにあたって水でうすめること。

●休眠（きゅうみん）
乾燥や暑さ、寒さなど、生育に適さない環境下で生育を一時停止することで、適当な環境が与えられると再び生育をはじめる。

●切り接ぎ（きりつぎ）
切り取った接ぎ穂を台木に接ぐ方法で、最も一般的な接ぎ木の方法。

●切り戻し（きりもどし）
伸びすぎた枝や茎を、つけ根または途中で切り詰めること。切り戻すことによって下から元気な枝や茎が伸びてくるので、花数がふえたり再び花が楽しめたりすることが多い。

●グラウンドカバー
草丈の低い、病害虫などに強い頑強な性質の植物を用いて、庭の地面を覆うこと。植える植物をグラウンドカバープランツという。

●珪酸塩白土（けいさんえんはくど）
根腐れ防止剤で、鉢底穴がない容器で植物を育てるときなどに使う。

●形成層（けいせいそう）
根や枝、根を肥大させるはたらきをもつ組織。

●結果習性（けっかしゅうせい）
果樹などで、どの枝のどの部位に花（果実）がつくかを結果習性といい、新梢の先端に花が咲くもの、新梢のわき芽に咲くもの、昨年に伸びた枝の先端に咲くもの、昨年に伸びた枝のわき芽に咲くものなど、さまざまな性質がある。

●結実（けつじつ）
受粉してタネができること。

●嫌光性種子（けんこうせいしゅし）
光が当たると発芽しにくいタネ。タネまき後、覆土を十分にする必要がある。

●好光性種子（こうこうせいしゅし）
光が当たらないと発芽しにくいタネ。タネまき後、ごく薄く覆土するか、あるいはタネをまいた容器に新聞紙などをかけて管理する。

●更新（こうしん）
古い枝を切って、新しい枝や若い枝を伸ばす枝の更新や、挿し木で株を新しくする更新などがある。

●高性（こうせい）
大きいこと。その植物の標準的な大きさにくらべ

立ち枝	86
多肉植物	18、19、120〜122
単体用土	128
暖地型シバ	34
単粒構造	130、132
団粒構造	130、132
チオファネートメチル剤	152
遅効性肥料	66
チャドクガ	147
中耕	73、82
抽水植物	32、96
中量要素	64
頂芽	72
沈水&湿地性植物	32
沈水植物	32
追肥	68、69、82、84、85
接ぎ木	116、117
土づくり	130〜132
土寄せ	85
つるボケ	65
TPN剤	152
摘果	75
摘芯	72、83
摘蕾	74
テラリウム	14
展着剤	153
デンプン剤	151
点まき	25
天芽ざし	110、113
胴吹き枝	86
東洋ラン	21
土壌改良	130〜132
土壌酸度	131、132
徒長枝	86、91
ドライフラワー	28
とり木	114、115
トリホリン剤	153
トレリス	159

な

苗木	42
ナチュラルスタイル	167
夏植え球根	12
夏越し	158〜161
夏シバ	34
ナメクジ	147
軟腐病	147
二重鉢	159、161
2年草	8
日本シバ	34
乳剤	150
庭木	22、23、42、86
熱帯果樹	30、31
根詰まり	38〜49、102〜105
根巻き苗	42、43
粘着トラップ	148
のらネコ忌避剤	153

は

バークチップ	129、158
ハーブ	27〜29
バーミキュライト	128
パーライト	128
灰色カビ病	146
梅雨対策	160
配合肥料	66
ハイドロカルチャー	14、60
培養土	128、129
葉ざし	110、112、120、122
ハス口	63
ハダニ	147
鉢植え	145
発芽・育苗器	165
発砲礫石	96
花がら摘み	76、77、95
花腐れ菌核病	147
花芽	89〜94
花芽分化	89
葉水	14、158、165
葉芽	89〜94
ばらまき	25
春植え球根	12
春まき	36
春まき1年草	6、7
バンカープランツ	149
ハンギングバスケット	52
BT剤	151
ピートモス	128
ひこばえ	86
非耐寒性1年草	6
肥やけ	65
病害虫	144〜156
肥料	64〜69
肥料の三要素	64、65
微量要素	64、65
フォーマルスタイル	166
斑入り葉	22
不快害虫駆除剤	153
不織布	148、161、162、163
伏せとり木	115
浮遊植物	32
冬越し	95、162〜165
冬シバ	34
不要枝	86
浮葉植物	32
腐葉土	128、129
プランター	52
分球	108、109
粉剤	150
平行枝	86
ヘゴ仕立て	71
ベノミル剤	152
ペルメトリン剤	151
ペレット剤	150
防寒キャップ	165
防寒用グッズ	165
防除散布	154
防虫ネット	148
ボーダーガーデン	136、137
穂木	116、117
ホットキャップ	162
ポット苗	36、42、43
ポプリ	28
ポリフィルム	163

ま

間引き	85、160
マラソン剤	151
マルチング（マルチ）	158、160、162
水草	95
水ゴケ	129
水やり	62、63、159、165
密閉ざし	110、112
ミニフレーム	165
むかご	108
無機質肥料	66
芽かき	72
目地張り	50、51
メタルアルデヒド剤	151
目土	50、51、100
木本植物	110
モザイク病	146
モダンスタイル	168
元肥	25、67、133
もみ殻くん炭	129
盛り土法	115

や

薬剤	150〜156
ヤゴ	86
野菜	24〜26、44〜47、82〜85
野生ラン	21
誘引	83、84
有機質肥料	66、133
有色トラップ	148
よい土	130
葉腋	89、91
葉菜	24
陽性植物	58
洋ラン	20、21、119
よしず	59、158
寄せ植え	52〜56、96、121
ヨトウムシ	147
予防散布	154

ら

落葉果樹	30、31、92
落葉広葉樹	22、23
落葉樹	22、42、89
ラティスフェンス	71
ラン	20、21、80、81
ランナー	118
リース	29
粒剤	150
リング支柱	71
鱗茎	12
鱗状鱗茎	12
連作	24、26
連作障害	24、26
ローンスパイク	98
ロックガーデン	17

わ

ワーディアンケース	163
わき芽	72、89〜93
悪い土	130

索引

あ

アオムシ ― 147
赤玉土 ― 128、129
赤星病 ― 147
秋植え球根 ― 12、13
秋まき ― 36
秋まき1年草 ― 6、7
アセタミプリド剤 ― 152
アセフェート剤 ― 151
圧条法 ― 115
油かす ― 66
アブラムシ ― 147
アレスリンとTPNの3種混合剤 ― 153
あんどん支柱 ― 71
一代交配種 ― 106
1年草 ― 6、7
市松張り ― 50
1本支柱 ― 70
忌み枝 ― 87
イミダクロプリド剤 ― 152
イモムシ ― 147
イングリッシュガーデン ― 134、135
陰性植物 ― 58
ウイルス病 ― 95
植え替え ― 80、102〜105
植えつけ ― 38〜49、52〜55、133
ウォータースペース ― 39
打ち水 ― 158
内芽 ― 87
うどんこ病 ― 146
畝 ― 25
畝立て ― 25
エアゾール剤 ― 150
AL剤 ― 150
液剤 ― 150
液体肥料 ― 65、66、68
エコ防除法 ― 148
枝すかし ― 158
エトフェンプロックス剤 ― 151
オベリスク ― 71
親木 ― 116
お礼肥 ― 69

か

ガーデンプラン ― 166
カイガラムシ ― 147
塊茎 ― 12
塊根 ― 12
化学肥料 ― 66
隔年結果 ― 94
果菜 ― 24
果樹 ― 30、31、48、49、92
化成肥料 ― 25、66
活力剤 ― 66
鹿沼土 ― 128
株立ちとり木 ― 115
株分け ― 102〜105、120、121

花木 ― 22、23、42、89
からみ枝 ― 86
緩効性化成肥料 ― 133
緩効性固形肥料 ― 68
緩効性肥料 ― 67
寒地型シバ ― 34
寒肥 ― 67
観葉植物 ― 14、15
寒冷紗 ― 59、148、158、163、165
木子 ― 108
希釈 ― 150、154
希釈倍数 ― 155
キッチンガーデン ― 142
キャプタン剤 ― 152
球茎 ― 12
球根 ― 12、13、40、41、108、109
球根植物 ― 12、13
休眠芽 ― 9、11
魚粉 ― 66
切り接ぎ ― 116
切り戻し ― 78、79
茎ざし ― 110、112、120、122
管ざし ― 110、112
苦土石灰 ― 24
車枝 ― 86
クレイボール ― 96
黒土 ― 128
珪酸塩白土 ― 96
形成層 ― 117
鶏ふん ― 66
結果習性 ― 92〜94
ケムシ ― 147
嫌光性種子 ― 37
好光性種子 ― 37
交差枝 ― 86
更新作業 ― 98、99
コガネムシ ― 147
子株 ― 118
子株とり ― 118
固形肥料 ― 65
枯死 ― 6
腰水 ― 63
腰水栽培 ― 32
骨粉 ― 66
コニファー ― 23
コニファーガーデン ― 138、139
こも巻き ― 148
根茎 ― 12、105
混合花芽 ― 92、94
根菜 ― 24
コンテナ ― 52〜56、126、127
コンテナガーデン ― 52〜56
コンパニオンプランツ ― 145、149
コンポスター ― 133
コンポスト ― 133

さ

採種 ― 106、107
下がり枝 ― 86
先とり法 ― 115
さし木 ― 110〜113
さし床 ― 111〜113

さし穂 ― 111〜113、122
さし芽 ― 110、120
殺菌剤 ― 150、152、153
雑種強勢 ― 106
殺虫剤 ― 150〜153
サボテン ― 18、19
酸性土 ― 131
3本支柱 ― 70
山野草 ― 16、17
シース ― 81
シェードガーデン ― 140、141
直まき ― 25
支柱 ― 59、70、71、161
支柱立て ― 70、71
湿地性植物 ― 32、96
シバ ― 34、50、51、98〜100
芝生 ― 34、50、51、98〜100
試薬キット ― 131
遮光ネット ― 158
宿根草 ― 6、9〜11、102
撞木とり法 ― 115
消石灰 ― 24
条張り ― 50
常緑果樹 ― 30、31、92
常緑広葉樹 ― 22、23、42
常緑樹 ― 22、42、89
植栽計画 ― 24
食虫植物 ― 33
除草剤 ― 153
新梢 ― 89〜94
針葉樹 ― 22、23、42
水耕栽培 ― 14
水生植物 ― 32、95〜97
水溶剤 ― 150
水和剤 ― 150
すじまき ― 25
すす病 ― 147
ストロベリーポット ― 52
スプレー剤 ― 150
整枝 ― 82、86
西洋シバ ― 34
剪定 ― 83、86〜94
走出枝 ― 118
層状鱗茎 ― 12
草本植物（草本） ― 30、110
草本性食用植物 ― 24
草木灰 ― 66
添え木支柱 ― 70
属間交雑 ― 20
速効性化成肥料 ― 68
ソッド ― 34、50
外芽 ― 87

た

耐寒性1年草 ― 6
台木 ― 116、117
堆肥 ― 24、133
台風対策 ― 161
台芽 ― 86
高とり木 ― 114
高とり法 ― 114
高芽とり ― 119

STAFF

- 執筆協力／石崎美和子・金田初代
- 撮影協力／ひかるガーデンズ(有)
  フラワーヒル「花ぞの」
  田中敏子・浜崎雅子・古賀有子
- 写真／(株)アルスフォト企画
  金田洋一郎・金田 一
- イラスト／竹口睦郁・上久保美和
- 本文デザイン／志岐デザイン事務所(黒田陽子)

本書を無断で複写(コピー)することは、著作権法上認められた場合を除き、禁じられています。小社は、複写(コピー)に関わる権利の管理につき委託を受けていますので、複写をされる場合は、必ず小社にご連絡ください。

これだけは知っておきたい
家庭園芸の基本とコツ

2010年4月12日 初版発行

編　者	大泉書店編集部
発行者	佐藤龍夫
発　行	株式会社 大泉書店

　　　　住所　〒162-0805 東京都新宿区矢来町 27
　　　　電話　03-3260-4001(代)
　　　　FAX　03-3260-4074
　　　　振替　00140-7-1742

印　刷	半七写真印刷工業株式会社
製　本	株式会社明光社

ⒸOizumishoten 2010 Printed in Japan

- 落丁・乱丁本は小社にてお取り替えいたします。
- 本書の内容についてのご質問は、ハガキまたはFAXでお願いします。

URL　http://www.oizumishoten.co.jp/
ISBN 978-4-278-04448-5 C0076